Werner J. Kraftsik

Freimaurerei im 3. Jahrtausend

Eine Herausforderung für Freimaurer und Profane

Gewidmet meiner Frau Jutta,
die sehr geduldig,
sehr kritisch
aber wohlwollend meine Arbeit begleitet hat.

Freimaurer im 3. Jahrtausend

Herausforderung für Freimaurer und Profane

Werner J. Kraftsik

1. Auflage Juli 2015

Herstellung und Verlag:

BoD - Books on Demand, Norderstedt

ISBN 978-3-7386-2253-9

Vorwort:

Fällt bei einem Gespräch zwischen Menschen der Begriff
Freimaurer, oder Freimaurerei, erlebt man häufig zwei völlig
gegensätzliche Reaktionen:

- Was ist das, - kenne ich nicht, - hat das etwas mit
Religion zu tun?

Oder

Ja, kenne ich, habe ich schon einmal gehört;
kenne jemand der einen Freimaurer kennt;
ach ja, das sind doch die mit der Weltverschwörung;
habe ich schon mal im Fernsehen gesehen habe ich
gegoogelt: bin aber nicht dahinter gestiegen was das
eigentlich ist.

So, oder so ähnlich sind die Aussagen.

Man findet selten jemanden, der wirklich weiß was Freimaurer
sind, was sie tun, was sie wollen und wohin ihre Aktivitäten führen
(sollen).

Interessanter Weise tun sich selbst Freimaurer schwer damit,
jemanden, der nichts von Freimaurerei weiß zu erklären, was
Freimaurer tun, warum sie es tun und vor allem was das konkrete
Ziel der Freimaurer ist.

Die Internet-Suchmaschine >Google< bietet zu dem Stichwort
Freimaurer in etwa einer viertel Sekunde mehr als 500.000
Einträge[1] an.

Kombiniert man den Begriff Freimaurerei mit anderen, wie
Geheimnis, Verschwörungen, Illuminaten, Geheimbünde werden
jeweils zwischen ca. 40.000 bis ca. 120.000 „>Hits<" angezeigt.
Alleine die Begriffe >Freimaurer und Katholische Kirche< bringen
62.000 „Treffer".

Gibt man den Begriff Loge, oder Logen ein, findet man mehr als 700 000 Einträge[2] was auf den ersten Blick auf eine gewisse Bekanntheit schließen lassen könnte, sich aber später durch die Anwendung des Begriffes für unterschiedliche Dinge erklärt.

Die Literatur über Freimaurer ist, auch für Fachleute, in der Vielfalt kaum mehr überschaubar. Jede Buchhandlung, die etwas auf sich hält, führt einige Titel über Freimaurerei im Angebot, oder besorgt sie innerhalb sehr kurzer Zeit dem Kunden.

Auffällig ist, dass sich die angebotene Literatur häufig und überwiegend mit der Vergangenheit, den Wurzeln und der Geschichte der Freimaurerei, den Gründervätern oder den historischen Persönlichkeiten beschäftigen, die Mitglieder des Bundes waren.

Besucht man die in vielen Städten aufzufindenden Logenhäuser, oder macht über die zwischenzeitlich reichlich vorhandenen Websites der Logen elektronische Besuche, fällt die Rückbesinnung auf die eigene Geschichte und die „berühmten Brüder" markant ins Auge.

Spricht man mit Freimaurern, hört man immer wieder die Begriffe:

Freiheit, Gleichheit, Brüderlichkeit, Toleranz und Humanität

Was und wie das exakt ist oder funktioniert, wird als Geheimnis behandelt und es wird dem Fragenden erklärt, dass das in Ritualen bearbeitet wird. Nichteingeweihte erfahren im Grunde sehr wenig über das, was Freimaurer sind, was sie wollen und zu welchem Zweck ihre Arbeit dient, bzw. wo sie hinführt.

Wer sich dafür mit mehr als der üblichen Neugierde interessiert, dem bietet man an, nach einer Aufnahme ihn in die „Geheimnisse" einzuweihen. Die Anderen, die Profanen, wie Freimaurer sagen, müssen sich mit dem zufrieden geben, was man ihnen erzählt, oder was Gespräche, Bücher oder das Internet hergeben.

Eine unbefriedigende Situation, sowohl für den > profanen < Fragesteller, der entweder vertröstet wird oder nur selektierte und daher unvollständige Antworten erhält, als auch für den Freimaurer, der gerne Auskunft geben möchte, sich aber verpflichtet hat, keine > Geheimnisse < preis zu geben.

Wer nichts weiß, vermutet so entstehen Gerüchte!

Das fatale an der Situation ist, dass über das eigentliche „Arbeiten" nichts Konkretes gesagt wird.

Darüber herrscht Schweigen.

Fragt man nach den Zielen, die Freimaurer verfolgen, erhält man meist sehr nebulöse Aussagen, die letztlich wieder bei in den Begriffen Humanität, Toleranz und Brüderlichkeit landen, was rein plakativ erscheint. Welche Wirkung die Arbeiten von Freimaurern im Einzelnen hinterlassen, bleibt in der Regel unbeantwortet.

Dieses Buch will versuchen, ohne dass der Leser davon ausgehen kann die „letzten Geheimnisse" von Logen und deren Rituale zu erfahren, Licht in das Dunkel der Unwissenheit zu bringen.

Dieses Licht soll Freimaurer und Nichtfreimaurer gleichermaßen erhellen und die Wege und die Ziele aufzeigen.

Es soll > Nichtfreimaurern < klar machen wozu Freimaurerei dient.

Ängste und/oder Befürchtungen beseitigen und die Wichtigkeit der Freimaurerei jenseits jeder Ideologie, Religion oder sonstigen Weltanschauung belegen.

Freimaurern kann und soll es eine Hilfe sein die eigene Position zu bestimmen. Die Freimaurer laufen sonst Gefahr entweder in die „Schublade" > Sekte <, > Sonderlinge < oder > Verschwörer < einsortiert zu werden, was weder der Idee, noch den Menschen, die die Freimaurerei seit Jahrhunderten hegen, pflegen und weitergeben, gerecht wird.

Außerdem wird man erkennen, dass die Freimaurerei allen Menschen eine Möglichkeit anbietet, persönliche Vorstellungen an eine „bessere Welt" zu verwirklichen. Dies geschieht ohne Fanatismus, Sektierertum, Ablehnung von Religionen oder der Abhängigkeit vom persönlichen, wirtschaftlichen, Besitzstand.

Freimaurerei könnte eine Universallösung für viele Probleme der Gesellschaften des 3. Jahrtausends sein.

Werner J. Kraftsik   Juli 2015

Was ist Freimaurerei?

Zu dieser Frage gibt es keine einheitliche Antwort!

Gleichwohl darüber ungezählte Bücher geschrieben, Vorträge gehalten und Diskussionen geführt worden sind.

Es gibt bestimmte, von allen Beteiligten getragenen, aber unterschiedlich bewertete Prinzipien, aber keinerlei dogmatisch, also einheitlich und verbindlich für alle Freimaurer festgelegte „Glaubenssätze". Fast glaubt man, dass es so viele Ansichten, wie Freimaurer gibt. Und doch gibt es Gemeinsamkeiten, zu denen sich – die meisten – bekennen und die in folgenden, aus England stammenden, Gedanken zusammengefasst sind:

Daheim ist sie Güte,
im Geschäft ist sie Ehrlichkeit,
in Gesellschaft ist sie Höflichkeit,
bei der Arbeit ist sie Anständigkeit!
Für den Unglücklichen ist sie Mitleid,
für den Schwachen ist sie Hilfe, für den Starken ist sie Vertrauen.
Dem Gesetz gegenüber ist sie Treue,
gegen das Unrecht ist sie Widerstand.
Beim Reuigen ist sie Verzeihen,
für den Glücklichen ist sie Mitfreude.
Vor Gott ist sie Ehrfurcht und Liebe.

Diese Gedanken sollten wir als Maßstab und Richtschnur nutzen, um zu sehen, ob es das wirklich ist,

wonach Freimaurer streben?
ob Freimaurer in diesen Regeln einig sind?
ob Freimaurer nach diesen Prinzipien handeln?
ob bewusst dagegen verstoßen wird?
ob und wie diese Lebenshaltung geschult wird?
welcher Mittel man sich bedient?
warum die Arbeit und die Mittel dazu geheim gehalten werden?
was das Ziel der Freimaurer ist?

Wie viele Freimaurer gibt es eigentlich?

In all ihren Ausprägungsformen wird die Anzahl der Freimaurer weltweit, auf etwa sieben Millionen Mitglieder geschätzt, Stand 2013.[3]

Dabei sind in den USA ca. **vier Millionen,**

in Europa etwa **eineinhalb Millionen** und

in Südamerika ungefähr **eine Million** Mitglieder

in sogenannten „regulären" Logen organisiert.

Die etwa 485 deutschen Freimaurerlogen mit ihren ca.15.300 Mitgliedern, Stand 2015, arbeiten unter fünf, weitgehend selbständigen, Großlogen, die sich ihrerseits zu den Vereinigten Großlogen von Deutschland Bruderschaft der Freimaurer – (VGLvD) zusammengeschlossen haben.[4] Die Mitgliederzahl der Frauenlogen, der gemischt arbeitenden Logen und die, die als irregulär gelten dürfte bei etwa geschätzt 10-15 Prozent , also bei etwa einer weiteren Million Mitgliedern liegen.

Was ist eine Loge?

Eine Loge ist ein Ort, wo Maurer zusammenkommen und arbeiten.

Davon ist dann jede ordentlich eingerichtete Gesellschaft von Maurern Loge genannt und jeder Br. muss zu einer gehören.
(Anderson, Konstitutionensbuch 1732).

So definiert das „Internationale Freimaurerlexikon" von 1932 den Begriff Loge und fährt fort:

Das Wort bezeichnet also in erster Linie den Raum, in dem sich die Freimaurer versammeln. Dieser Raum soll abgeschlossen sein oder er muß, wenn er unter freiem Himmel gelegen ist, so gewählt sein, dass die Annäherung von Fremden sofort bemerkt und verhindert werden kann.

Der Name des Versammlungsortes geht dann auf die Versammlung selbst über, und so wird die in der Loge versammelte Bruderschaft selbst Loge genannt.[5]

A "Lodge" is defined to be "an assemblage of Freemasons, duly congregated, having the sacred writings, square, and compass, and a charter, or warrant of constitution, authorizing them to work." The room or place in which they meet, representing some part of King Solomon's Temple, is also called the Lodge; and it is that we are now considering.[6]

Eine Loge ist definiert als eine ordnungsgemäße Versammlung von Freimaurer, mit heiligen Schriften, Winkelmaß und Zirkel und unter der Zugrundelegung der Charta, oder Konstitution, die die Berechtigung zur Durchführung der Arbeit bestätigt. Der Raum oder Ort, an dem sie sich treffen, repräsentiert einen Teil König Salomons Tempel, ist nun Loge und ist jetzt das, was zu berücksichtigen ist. (Übersetzung vom Verfasser.)

Was machen Freimaurer in den Logen?

Diese Frage ist detailliert nur „initiierten Brüder/Schwestern „zu beantworten. Alle anderen müssen sich mit den „Absichtserklärungen" der verschiedenen Logen zufrieden geben.

Schauen wir uns einige Internetauftritte von Logen, exemplarisch an, um heraus zu bekommen, was Freimaurer wollen. Vielleicht erkennen wir dann auch, **wie** sie sich bemühen, um es zu verwirklichen. Beginnen wir im Norden Deutschlands und sehen, was die humanitäre Johannis-Freimaurerloge Frithjof zum Nesselblatt in Kiel (Nr. 595 i.O. Kiel) dazu auf ihrer Internetpräsenz[7] sagt:

Wenn Sie das Bedürfnis nach

- *Gesprächen mit verlässlichen Freunden haben sowie einen*
- *Ausgleich zum Stress und zur Hektik des Alltags suchen*
- *und Sie etwas für sich tun wollen und*
- *nach geistiger Freiheit, innerer Wahrheit, nach Toleranz und Menschenwürde streben*

empfehlen wir Ihnen, sich auf unseren Seiten über den Freimaurerbund und unsere humanitäre Loge zu informieren.

Wie das in der „Praxis" vor sich geht, stellt man so vor:

*Während unserer regelmäßigen Treffen, die wir **Tempelarbeiten** nennen, folgen wir einem festen Ritual, das in allen Freimaurerlogen weltweit in ähnlicher Weise zelebriert wird.*

In einem rituellen Wechselgespräch werden dabei allegorische, symbolische, philosophische, musische und musikalische Bestandteile miteinander kombiniert.

Unsere Arbeiten geben uns Zeit und Raum zur Selbstbesinnung sowie Anstöße zur persönlichen Weiterentwicklung.

*Wir Freimaurer bedienen uns einer bildreichen Sprache, die der Werkmaurerei der mittelalterlichen Dombauhütten entnommen ist. Ein zentrales Bild ist der **Bau des Tempels der Humanität**. Dieser symbolisiert für uns den zentralen Auftrag an jeden Freimaurer, seinen individuellen Beitrag zur Vollendung einer auf die Menschen ausgerichteten, demokratischen Gesellschaft zu leisten.*

Es folgt eine Auflistung der wichtigsten Symbole, mit denen sich Werte und Vorsätze auch im Alltag ihren Weg in die Wahrnehmung bahnen soll.

Schauen wir uns eine weitere *Johannis Loge*, so nennt man die Logen in Deutschland, die in den Graden Lehrling, Geselle und Meister arbeiten, an:

Auf der Startseite der Loge "Zu den ehernen Säulen" e.V. Nr. 404 in Dresden [8] finden wir neben dem freimaurerischen Erscheinungsbild einen besonderen Hinweis, der sehr profaner (weltlicher), Natur ist:
Es handelt sich bei dieser Loge um einen „e.V." einen eingetragenen Verein, also eine Vereinigung die sich dem in Deutschland geltenden Vereinsrecht „unterworfen" hat. Die Auswirkungen sowohl für die Mitglieder, als auch die Öffentlichkeit sind wesentlich und in diversen rechtlichen Vorschriften des deutschen Vereinsrechtes festgelegt. [9]

Der Besucher der Internetpräsenz dieser Loge wird gleich auf der ersten Seite mit einer Botschaft, die für Freimaurer essentiell zu sein scheint, konfrontiert:

Erkenne Dich selbst:
„Schau in dich." „Schau um dich." „Schau über dich."

Diesem – die Person ansprechende Motto – folgt ein eher allgemeiner Hinweis darauf, was Freimaurerei beabsichtigt:

*Freimaurerei ist geprägt von den Grundsätzen der **Freiheit, Gleichheit** und **Brüderlichkeit** der Menschen auf der ganzen Welt ohne Ansehen von Ethnien, Religion und ihrer Herkunft.*

Diese Loge nimmt ihre Öffentlichkeitsarbeit intensiv wahr, indem sie gezielt nach außen geht, was diese Informationen belegen:

Vortragsreihe in der Volkshochschule

Nach den kürzlich gehaltenen Vorträgen:

- *"Freimauerei und Politik" sowie*
- *"Freimaurerei und Religion" planen wir*

in Zusammenarbeit mit der Volkshochschule Dresden weitere Veranstaltungen.

Derzeit in Planung sind:

- *Ein „Tag der offenen Tür mit Tempelbesichtigung" und Vorträge zu den Themen:*
- *"Freimaurerei und Gesellschaft" sowie*
- *"Feminine Freimaurerei".*

In ihren Vorstellungen und Erwartungen sind diese Logenmitglieder sowohl offen, als auch konkret, soweit man das überhaupt bereits an der Stelle sagen kann.

Dies liest sich auf der entsprechenden Web-Site so:

Was ist Freimaurerei?

Die Freimaurerei, auch Königliche Kunst genannt, versteht sich als ein ethischer Bund freier Menschen mit der Überzeugung, dass die ständige Arbeit an sich selbst zu einem menschlicheren Verhalten führt.

Die fünf Grundideale der Freimaurerei sind

Freiheit, Gleichheit, Brüderlichkeit, Toleranz *und* **Humanität.**

Sie sollen durch die praktische Einübung im Alltag gelebt werden. **Ein Bund für das ganze Leben.** *Freimaurerei ist kein Verein wie jeder andere, sondern ein lebenslanger Bund. Daher sollten Sie eine Mitgliedschaft nur nach reiflicher Überlegung anstreben. Als Voraussetzungen müssen Sie mindestens 18 Jahre alt und ein „freier Mann von gutem Ruf" sein.*

Wie werde ich Freimaurer?

Nach dem Besuch von Gästeabenden und Gesprächen mit Logenmitgliedern können Sie einen Aufnahmeantrag stellen.

Über diesen wird logenintern abgestimmt. Stimmen alle Brüder mit
„Ja", können Sie Mitglied im Bruderbund werden.

Was erwarten wir von einem Suchenden?

Wir erwarten von Ihnen, dass Sie sich bereits aus den allgemein
zugänglichen Quellen umfassend über Freimaurerei informiert
haben und auf dieser Wissensbasis tiefer- und weitergehende
Fragen haben. Wir erwarten wir Offenheit, Toleranz und
Verschwiegenheit.

Was kann der Suchende von uns erwarten?

Mitglied in unserer Loge zu sein, bedeutet Einbindung in eine
Gemeinschaft denkender Menschen, mit Spaß an der geistigen
Auseinandersetzung. Wir werden Sie nach Kräften bei der Arbeit
"am Rauen Stein" unterstützen.

Jemand, der sich ernsthaft für die Freimaurerei interessiert, zeigen
sich nach dem „Besuch" dieser beiden Internetpräsenzen
Informationen, die teils wiederholt, teils neu, auf jeden Fall
erklärungsbedürftig und interpretiert werden müssen.

Ein weiteres Beispiel der Darstellung einer Freimaurerloge:

Ein herzliches Willkommen auf der Seite der Leipziger
Freimaurerloge "Minerva zu den drei Palmen".[10]

Im Jahr 1741 als eine der ersten deutschen Logen unter der
Matrikelnummer 7 gegründet, entwickelte sich die "Minerva" im
Laufe der Zeit zu einer der größten und einflussreichsten Logen
Deutschlands.

Vor dem Verbot durch die Nationalsozialisten im Jahr 1935
vereinte die Loge nahezu 500 Mitglieder, unter denen sich viele
wichtige Leipziger Persönlichkeiten befanden.

Im Jahre 1991 wurde die "Minerva" mit Hilfe der Hannoverschen Loge, "Friedrich zum weißen Pferde" wieder eingesetzt.

Sie ist Mitglied der humanitären Großloge der "Alten Freien und Angenommenen Maurer von Deutschland" (A.F.u.A.M.v.D.).

Die Zahl der in Leipzig ansässigen Mitglieder beträgt heute ca. 45, hinzu kommen etwa 15 Doppelmitglieder aus den alten Bundesländern.

Die Loge und ihre Mitglieder sind den Grundideen der Freimaurerei

Freiheit, Brüderlichkeit, Toleranz *und* **Menschenliebe**
verpflichtet.

Neben der Pflege der traditionellen freimaurerischen Rituale sehen wir es als unsere Aufgabe an, uns in das kulturelle Leben unserer Heimatstadt Leipzig kontinuierlich einzubringen. Die Loge ist ein eingetragener Verein, das Logenleben geprägt von zahlreichen Aktivitäten – sowohl innerhalb als auch außerhalb der Bruderkette.

Vorträge, Lesungen, Informationsveranstaltungen und Gästeabende, gemeinsame Reisen, die einmal in der Zeit der Leipziger Buchmesse stattfindende "Leipziger Buchloge" und die Unterstützung karitativer Organisationen sind hier zu nennen.

Sollten Sie als Besucher dieser Seiten Interesse haben, sich näher mit der Freimaurerei zu befassen oder an einem unserer Gästeabende teilnehmen wollen, wenden Sie sich vertrauensvoll an unseren Gästebeauftragten.

Was ist eine Tempelarbeit?

Die Tempelarbeit ist der Rahmen, in dem sich das rituelle Leben der Freimaurerei ereignet. Freimaurer sind sich bewusst, dass sie sich während ihrer "Tempelarbeit" nicht nur in einem steinernen Gebäude befinden, sondern in allererster Linie in einem geistigen Gebäude. Eine gute Tempelarbeit ist wie ein Mysterienspiel. Man greift auf Symbole zurück, eine sinnbeladene Ikonographie, auf metaphorische Erläuterungen und strenggeordnete rituelle Abläufe.

Schäfersaal der Loge „Zu den drei Türmen" Rothenburg ob der Tauber.

Die Tempelarbeit enthält viele an die christliche Liturgie erinnernde Elemente, wie zum Beispiel Wechselgespräche, Zeichen, Rede, Gesang. Während liturgische Praktiken theistischer Religionen stets auch eine Gotteserfahrung vergegenwärtigen sollen, stellt die Tempelarbeit der Freimaurer alles rituelle Geschehen in den Dienst der Selbsterfahrung des Menschen. Dem Wort „Arbeit" kommt besondere Bedeutung zu. Es benennt diejenige Form des Schaffens, wodurch die Welt verändert werden könne: nicht durch Beten und abwartende Demut gegenüber einem jenseitigen Wesen allein, sondern durch Einsatz der gestalterischen und werktätigen Fähigkeiten der Menschen.

Ein Pressebericht über einen Weg zur Öffentlichkeitsarbeit einer Loge in Dresden:

Was machen die Freimaurer in Dresden? *von Anneke Müller, MoPo24* [27]

Dresden - Zwei Jahrhunderte lang trafen sich in Dresden Freimaurer im Verborgenen zu ihren heimlichen Ritualen Bis 1935. Verfolgt unter den Nazis, ausgebombt, dann von der DDR verboten, hat der geheimnisumwitterte Bund von „Logenbrüdern" jetzt wieder ein eigenes Haus. Und sie wagen etwas Neues.

Die Freimaurer wollen ihre Villa künftig auch zu Kunst, Kultur und Völkerverständigung für Außenstehende öffnen. Im hauseigenen Tempel, in dem monatlich die Rituale abgehalten werden, bleibt man dann aber doch lieber unter sich.

Fünf Fragen zu den Freimaurern

Was sind Freimauerer?

Die Freimaurerei versteht sich als ein ethischer Bund freier Menschen mit der Überzeugung, dass die ständige Arbeit an sich selbst zu einem menschlicheren Verhalten führt.

Was „glauben" Freimaurer?

*Die fünf Grundideale der Freimaurerei sind **Freiheit, Gleichheit, Brüderlichkeit, Toleranz** und **Humanität**. Sie sollen durch die praktische Einübung im Alltag gelebt werden.*

Seit wann gibt's Dresdens Loge?

1738 gründete Friedrich August Graf von Rutowski (1702-64), illegitimer Sohn Augusts des Starken, Dresdens erste Freimaurerloge „Zu den drei weißen Adlern", die dritte in Deutschland überhaupt. Heute gibt es in Dresden etwa 120 Freimauerer.

Wer kann Freimaurer werden?

Wer Freimauerer werden will, muss sich selbst an die Loge wenden. Ein Jahr lang müssen Interessenten an Informationsveranstaltungen teilnehmen, dann können sie als „Lehrling" aufgenommen werden.

Können sich auch Frauen bewerben?

Bisher gibt es in Dresden nur eine Männerloge.

An die Gründung einer Frauenloge wird aber gedacht.

Obwohl es egal ist, welchem Stand Freimaurer angehören, hatten Dresdens Freimaurer viele Berühmtheiten in ihren Reihen. Zu ihnen zählten der Architekt Friedrich Gottlob Thormayer (1775-1842), der Erbauer der Treppe zur Brühlschen Terrasse, der Architekt der Dresdner Oper, Gottfried Semper (1803-79) oder der Erbauer des Italienischen Dörfchens, Hans Erlwein (1872-1914). Der Schriftsteller und Jurist Christian Gottfried Körner (1756-1831),

Wie werden Logen sonst von der Öffentlichkeit, der Presse, wahrgenommen?

Pressestimmen und Hinweise:

Freimaurer feiern Jubiläum - Fest soll Vorbehalte abbauen[28]
Kieler Nachrichten 26.06.2012

Zu ihrem 275-jährigen Jubiläum suchen die Freimaurer in Deutschland den Dialog mit den Bürgern und wollen so Vorbehalte abbauen. Im Herbst sind mehrere Veranstaltungen und Ausstellungen in Hamburg geplant, die der traditionsreiche Bund am heutigen Dienstag vorstellen wird.

Hamburg. "Wir wollen zeigen: Freimaurer sind ansprechbar und mitten in der Gesellschaft", sagte der Sprecher der Freimaurer in Deutschland, Oliver Barckhan. Die Bruderschaft ist seit ihren Anfängen im 18. Jahrhundert von vielen Geheimnissen und verschwörerischen Theorien umgeben, sie trat bislang nur selten in der Öffentlichkeit auf. Ein wichtiges Prinzip der rund 14 000 Mitglieder bundesweit ist die Verschwiegenheit über ihre Rituale.

In der Hansestadt wurde 1737 die erste deutsche Loge "Absalom zu den drei Nesseln" gegründet. Anlässlich ihres Jubiläums wollen die Freimaurer die Initiative "Mehr Menschlichkeit im Alltag - eine Ressource im Überfluss?" starten, die von Hamburgs Ex-Bürgermeister Ole von Beust (CDU) unterstützt wird. Vom 28. bis 30. September werden dann bis zu 3000 Freimaurer aus aller Welt zu einem großen Festprogramm erwartet.

Freimaurer bezeichnen sich selbst als politisch und religiös unabhängig. Sie treten nach eigenen Angaben für Brüderlichkeit und Toleranz ein. Zu den Zielen gehört auch die Hilfe für Menschen in Not. Im Herbst wollen sie ihre seit Jahrhunderten andauernde Arbeit am "Rauen Stein" für mehr Menschlichkeit feiern. Das bedeutet, dass ein Freimaurer sein eigenes Denken und Handeln immer wieder selbstkritisch hinterfragt, um ein besserer Mensch zu werden.

Wer Freimaurer werden will, muss ein "freier Mann von gutem Ruf" sein, darf keine Schulden haben und nicht vorbestraft sein. dpa

Wie stellen sich Freimaurer in der Öffentlichkeit **selbst** dar?

"Menschlichkeit" für Ohr und Auge / Sinnliche Perspektiven der "Königlichen Kunst"
http://www.presseportal.de/pm/105735/2992294/-menschlichkeit-fuer-ohr-und-auge-sinnliche-perspektiven-der-koeniglichen-kunst
Donnerstag, 09.04.2015 [29]

Es ist eine echte „Art of Living Assembly", was die Künstlervereinigung PEGASUS und die älteste Freimaurer-Loge Deutschlands „Absalom" mit dem Logenhaus Welckerstraße vorhaben. Der ehrwürdige Goethesaal, in dem zuletzt der Gustav-

---

Stresemann-Preis der Großloge der Alten und Freien
Angenommenen Maurer von Deutschland (AFuAMvD) an
Altkanzler Helmut Schmidt verliehen worden ist, wird vom 11. April
an bis zum Sommer 2015 zu Galerie und Konzertsaal umgebaut.
PEGASUS und Absalom errichten gemeinsam einen Treffpunkt für
Künstler, Kulturschaffende und Freunde der Schönen Künste,
direkt gegenüber der Hamburger Staatsoper.

Am 6. Juni wird um 18:00 Uhr der öffentliche Dialog „Art of Living
Assembly" eröffnet mit dem Thema „Menschlichkeit im
interkulturellen Wertewandel". Dazu laden die Künstlervereinigung
PEGASUS und die Loge „Absalom zu den 3 Nesseln" gemeinsam
ein. Die Türen des Logenhauses stehen weit geöffnet.

Eine weitere „Darstellung" einer Loge:

Lübecker Johannis-Loge, Hinter den Mauern der Freimaurer
Flensburger Tageblatts 12. April 2015[30]

Zwischen Weltverschwörung und Weltverbesserung um kaum
einen Bund ranken sich so viele Mythen wie um die Freimaurer.
Für Schleswig-Holstein am Sonntag hat sich die Lübecker Loge
geöffnet.

Blutopfer, Ritualmorde, Satanskult und vor allem
Weltverschwörung: Gruselgeschichten über die Freimaurerei gibt
es zuhauf und in der Stadtbibliothek sind sie zwischen Sekten und
Scientology zu finden. Kein Wunder. Die Herren halten sich
bedeckt in ihren Logen. Zutritt ist streng reglementiert, über
Rituale wird geschwiegen. Weitgehend jedenfalls. Die 1772
gegründete Lübecker Johannis-Loge „Zum Füllhorn" hat für uns
einige ihrer Türen geöffnet.

Schwarze Anzüge, weiße Binder, schwarze Zylinder, weiße
Handschuhe, die Herren erscheinen wie zur feierlichen Aufnahme
eines Lehrlings. Fast jedenfalls. Es fehlen der Schurz und
Accessoires der jeweiligen Funktionen. Tempelarbeit oder einfach
Arbeit wird ein Ritual genannt, und während solch einer Arbeit
trüge Jens Störtebecker als Vorsitzender Logenmeister ein
Winkelmaß auf der Brust. Den Hammer, mit dem er die Arbeiten

begleitet, zeigt er her, auch Winkel, Zirkel und Vereinigungsschale, das Schwert und die alte Bibel dürfen wir betrachten.
Üblicherweise wäre sie aufgeschlagen, sagt der Meister, weil dies aber keine Arbeit ist, bleibt die Bibel an diesem Platz geschlossen. Man könne aber gerne vor die Tür gehen, und in ihr blättern, bietet Störtebecker an.

Hintergrund: Die Freimaurerei wurzelt in den mittelalterlichen Dombauhütten, in denen sich umherziehende, also „freie“, weil keiner ortsansässigen Zunft angehörenden Bauleute organisierten und – unter Maßgabe der Geheimhaltung – Wissen und Fähigkeiten überlieferten. Im Wandel der Zeit und schließlich inspiriert von den Ideen der Aufklärung, wurde die reale Arbeit am „rauen Stein“ zum Symbol für die Arbeit jedes Einzelnen an sich selbst. Die erste Großloge wurde 1717 in London gegründet. Aufgrund enger Handelsbeziehungen entstand schon 1737 die Freimaurerloge „Absalom zu den drei Nesseln“ in Hamburg.

Heute sind in Deutschland fünf Großlogen

Großloge der Alten Freien und Angenommenen Maurer von Deutschland (**A.F.u.A.M**.),

Große Landesloge der Freimaurer von Deutschland (**GLLFvD**),

Große National-Mutterloge „Zu den drei Weltkugeln“ (**3WK**),

The Grand Lodge of British Freemasons in Germany,

American Canadian Grand Lodge unter dem Dachverband Vereinigte Großlogen von Deutschland (**VGL**) zusammengeschlossen.

Die Bibel und die anderen Utensilien sind zusammen mit drei Leuchtern auf einem blaubetuchten Tisch drapiert. Blau gepolstert sind in diesem Raum auch die Sitzmöbel, blau ist die Kuppel, die sich in der Raummitte wölbt und den Sternenhimmel über Schleswig-Holstein am Johannistag zeigt. Darunter große Leuchter, ebenfalls drei an der Zahl. In diesem Raum geht es um

Symbole, eben auch um Zahlensymbole. Und auf dem blauen Tuch vor dem altarähnlichen Tisch ist das allsehende Auge in einem gleichwinkligen Dreieck zu sehen, das man von den US-amerikanischen Dollarnoten kennt und die Geschichten von den Logenbrüdern und ihrer Weltverschwörung immer wieder anheizt.

Siegel der „Loge zum Füllhorn".

Die Johannis-Loge „Zum Füllhorn" finanziert unter anderem das Spielmobil und unterstützt das autonome Frauenhaus. Schon 1789 fanden sich unter den Gründern der Lübecker Gesellschaft zur Beförderung gemeinnütziger Tätigkeit, kurz „Gemeinnützige", sieben Freimaurer, darunter Ludwig Suhl, Meister vom Stuhl der Loge „Zur Weltkugel" und Christian Adolph Overbeck, dessen Gedicht „Komm, lieber Mai und mache" der Freimaurer Wolfgang Amadeus Mozart vertonte

Im „Dritten Reich", gab es, trotz Verbot der Freimaurerei, selbst in Konzentrationslagern, eine Loge – vielleicht auch mehrere.
Über eine berichtet dieses Buch:

Freimaurerloge in Nacht und Nebel, Salier-Verlag[32]

Im Frühjahr 1943 begegnen sich in einer elenden Baracke des Konzentrationslagers Esterwegen einige Freimaurer. Trotz des großen Leids, der ruinierten Gesundheit und schlimmster Schikanen finden sie gemeinsam den Mut, sich zu einem Bruderkreis zusammenzuschließen. Sie gründen die Loge "Liberté Chérie" und nehmen die freimaurerische Arbeit unter den unglaublichsten Umständen auf. Sie setzen ein Zeichen der Hoffnung gegen das grausame Nazi-Regime Als der damals 19-jährige Belgier Franz Bridoux von den Besatzern 1943 zur Zwangsarbeit nach Deutschland geschickt werden soll, taucht er als Fahnenflüchtiger unter. Er wird Mitglied der Widerstandsbewegung, des Regionalkomitees des Nationalen Jugendverbundes. Nach seiner Festnahme deportieren ihn die Nazis als "Nacht und Nebel-Häftling" in das Konzentrationslager Esterwegen, in dem im selben Jahr die Freimaurerloge "Liberté Chérie" gegründet wurde.

Der Bericht eines der letzten Augenzeugen ist ein Dokument des Mutes, der Aufopferung und der Hoffnung. Das Buch von Franz Bridoux hat 102 Seiten, ist erschienen im Salier-Verlag und ist unter der ISBN 978-3-943539-46-2 im Buchhandel erhältlich.

Frauen und Freimaurerei? [14]

Frauen erobern die Freimaurerei
Märkische Allgemeine Zeitung vom 5. 1. 2014

Das „Märkische Mosaik" in Potsdam ist die erste Frauenloge in den östlichen Bundesländern. Die 25 Schwestern tagen normalerweise hinter verschlossenen Türen. 25 Schwestern treffen sich bei den Potsdamer Freimaurerinnen, hier Bettina Reyer (l.) und Stefanie Kurzyna. Quelle: Jacqueline Schulz

Freimaurerei ist seit ihrer Entstehung in unserer europäischen Kultur ein Männerbund. Sie wurde bis 1949 auch in Deutschland ausschließlich als Männerbund gelebt, obwohl schon in den ersten Jahrzehnten ihres Bestehens für Lessing die Freimaurerei im Wesen des Menschen gründet - und der kann eben männlich oder weiblich sein. So haben wir als Frauen aus der brüderlichen Tradition der Freimaurer etwas übernommen, in dem auch wir einen würdigen und tragenden Wert erkennen und von dem wir meinen, dass auch engagierte Frauen zur Mitarbeit am großen Bauwerk der Menschlichkeit aufgefordert sind. Wir wollen uns durch die Arbeit in der Freimaurerinnenloge um geistige Reife und

Maßstäbe für sittliches Handeln bemühen, um innerhalb des jeweils eigenen Lebensbereiches Toleranz, Achtung, Gerechtigkeit und gegenseitiges Verstehen zu verwirklichen.

Wer kann Freimaurerin werden?

Jede Frau über 21 Jahre kann Freimaurerin werden, sofern sie sich mit den Zielen der Freimaurerei - das heißt persönliches Engagement für Toleranz und Humanität - identifizieren kann, mit Interesse und Beharrlichkeit unsere Veranstaltungen verfolgt und nach einer Zeit des gegenseitigen Kennenlernens von der Loge als neues Mitglied akzeptiert wird.

Wir sind ein initiatischer Bund, das heißt, nur durch eine Initiation, eine rituelle Aufnahme, kann eine Frau Mitglied unseres Bundes werden.

Eine klare Aussage in der die rituelle Aufnahme, die Initiation ausdrücklich erwähnt wird. Dieser Hinweis findet sich in maskulinen Logen eher selten.

Was sind die Logen der Freimaurerinnen nicht?

*Sie sind keine therapeutische Gruppe,
keine Insel der Seligen,
kein Debattierclub,
keine Religionsgemeinschaft,
keine Interessenvertretung!*

Tempel, so nennen die Freimaurer den Ort, in dem sie ihre mehr als 300 Jahre alten Rituale abhalten. Der Tempel ist rundherum hellblau gestrichen, das ist die Farbe der männlichen Freimaurerei. Daher ist vor der Tempelarbeit, so heißen die wöchentlichen Treffen, erst einmal profanere Arbeit nötig: Mahn und ihre Schwestern verkleiden die hellblauen Tische und Pulte im Raum mit lila Stoffbahnen, der Farbe der Frauenlogen. Die Christusfigur an der Wand, die von einer christlichen Männerloge genutzt wird, verdecken sie mit einem Tuch, auf dem das Auge in der Pyramide zu sehen ist. Das klassische Freimaurersymbol kennt jeder von der Rückseite der Dollarnote. „Wir sind keine christliche, sondern eine humanistische Loge", erklärt Mahn. Wer von den Schwestern welcher Religion angehört, werde nicht thematisiert. Auch Tagespolitik bleibt bei allen Freimaurern außen vor. Die „Arbeit am rauen Stein", nennen die Freimaurer das, was sie tun. Kurz bedeutet das: Charakterbildung. Die ständige Arbeit an sich selbst soll dazu führen, dass der Einzelne ein wertvolleres Mitglied der Gesellschaft wird, ein „kubischer Stein", der eine tragende Rolle ausfüllen kann.

Sind auch Frauen raue Steine? Annegret Mahn lacht. „Vielleicht müssen wir nur polieren, nicht abschlagen", antwortet sie.

Zwischen männlicher und weiblicher Freimaurerei gebe es mehr Unterschiede als nur die Farben, sagt Mahn. Frauen schauten nicht so stark auf die Hierarchien und Verdienste im Verein, sagt sie, hielten weniger starr an den 300-jährigen Traditionen fest. „Wir schaffen uns unsere eigenen Traditionen."

Was reizt eine überhaupt nicht esoterisch wirkende Frau wie Mahn am geheimen Ritual? „Die Verbindung von Verstand und Herz." Die Frauen haben die Rituale einiger Männerlogen übernommen. Allein die Aufnahme ist voller Mystik, eine Begegnung mit den Elementen.

Mit verbundenen Augen tritt die Kandidatin für die Aufnahme in den Lehrlingsstand vor ihre künftigen Mitschwestern Sie soll „den Weg von der Nacht der Unwissenheit ins Licht der Erkenntnis" nachempfinden, heißt es im Ritualbuch der Freimaurerinnen. Neulinge tragen zudem nur einen Schuh, müssen diesen Weg also auch noch humpelnd zurücklegen.

Auf ihrer Internetseite werben die Frauenlogen um neue Schwestern, warnen aber zugleich: Wer glaube, sie würde hier einem therapeutischen Zirkel oder einem Debattierclub beitreten, sei fehl am Platz. Es gehe um Gemeinschaft und intellektuelle Auseinandersetzung, sagt Mahn, in einem ganz besonderen Rahmen. Wen zieht das an? „Wir sind taffe Frauen zwischen 30 und 50, die mitten im Leben stehen", versucht Mahn eine Selbstbeschreibung. Unternehmerinnen sind dabei, Akademikerinnen. Selbstbewusste Frauen – und auch Mütter. Kürzlich wurde das erste Logenkind geboren.

Wie wollen Freimaurer/Innen ihre Ziele erreichen?

Dazu sagt diese Frauenloge: **Stella Luminis** Nr. 19 i. Or. München [15] folgendes:

Das einende Element unserer freimaurerischen Frauengemeinschaft besteht in der Wertschätzung menschlicher Begegnung und gegenseitiger Anregung in der Offenheit für unsere Zeit, für ihre positiven und negativen Erscheinungen und im Interesse an den Dingen unserer Welt .Die Loge ist das Zentrum der geistigen Arbeit, Stätte der Begegnung und Ort ernster Besinnung, an dem mit Hilfe von Symbolen und rituellen Handlungen unverlierbare Werte und menschliche Ideale über bloße theoretische Erkenntnisse hinaus zum Erlebnis gebracht werden.

Das Ergebnis von all dem ist auch Selbsterkenntnis .Durch gemeinsames Bemühen in der schwesterlichen Gemeinschaft der Loge wollen wir unsere Ziele erreichen. Für interessierte Frauen bieten alle Logen Gästeabende an.

Dort werden Vorträge gehalten, die sich mit Themen im Rahmen unserer Arbeit beschäftigen, des Weiteren bieten sie reichlich Gelegenheit, sich über Freimaurerei zu informieren. Auch die Kreise, die auf eine Logengründung hinarbeiten, bieten Gästeabende an.

Die Ziele, die wir mit unserer Arbeit verfolgen, sind nicht neu: Wir stehen in einer Tradition des Denkens, die uns zu all denen führt, die sich für ein menschliches Dasein engagiert haben und mit ihren Gedanken und Ideen den Menschen schon immer einen Leitfaden an die Hand geben wollten. "Ich bin ein Mensch, nichts Menschliches sei mir fremd!" Wir wollen daran festhalten, dass wir zur Gemeinschaft geboren sind.
Unsere Gesellschaft gleicht weitgehend einem Steingewölbe, das zusammenbrechen würde, wenn die Steine sich nicht gegenseitig tragen, und das auf diese Weise zusammengehalten wird.
(Seneca)

So sieht die Öffentlichkeit, anlässlich einer neuen Loge, die Freimaurerei – dieses Mal die „gemischte Variante" - also dort wo Männer und Frauen gemeinsam in einer Loge arbeiten:

Das Geheimnis der Freimaurer. In Augsburg nimmt die neue Loge „Saint Germain" ihre Arbeit auf. Bei ihr sind Frauen zugelassen. Historisch bedeutende Persönlichkeiten bekannten sich zu dem verschwiegenen Bund
von Fridtjof Atterdal Augsburger Allgemeine vom 27.4.2015 [31]

Großmeister Ulrike Grabisch und Meister vom Stuhl Gerhild Böhnisch im Tempel mit dem Logenpatent für die neue Augsburger Loge „Saint Germain". Im Hintergrund sieht man das „Allsehende Auge", ein für die Freimaurerei wichtiges Symbol. Foto: Annette Zoepf

Für einen Nichteingeweihten mutet die Szene an wie aus einem Film. Flügeltüren öffnen sich und 60 Männer und Frauen schreiten beinahe lautlos und andächtig aus dem halbdunklen Tempel. Über den schwarzen Anzügen tragen sie Schurze, manche ganz weiß, andere mit Rosetten verziert. Die Hände stecken in weißen Handschuhen. Still stellen sie sich vor der festlich gedeckten Tafel auf, die behandschuhte Rechte ans Herz gelegt. An den Wänden hängen schwere Ölgemälde, von denen streng ehemalige Meister der Loge blicken. An vielen Stellen im Saal kann man Abbildungen von Zirkel und Winkelmaß erkennen. Dann erscheinen zwei Frauen, die sich vom Rest der Teilnehmer durch besonders farbenprächtige Schurze und Abzeichen abheben. Wenn man im Westen den Tempel betritt, blickt einem am entgegengesetzten Ende das „Allsehende Auge" entgegen. Von der Verschwiegenheit und

Geheimniskrämerei, die man einer Loge wie den Freimaurern unterstellen würde, ist hier wenig zu spüren. „Was sollen wir denn auch noch verbergen, mittlerweile kann man ja fast alles im Internet nachlesen", sagt dazu Ulrike Grabisch. Was ein Geheimnis bleiben muss, sind die Mitglieder der Loge „Bei der Freimaurerei geht es um Erkenntnis", so Böhnisch. Die Mitglieder lebten streng nach den Idealen **Freiheit, Gleichheit, Brüderlichkeit, Toleranz** *und* **Humanität.** *„So, wie die Welt gerade ist, reicht es uns nicht", sagt der Meister vom Stuhl. Wenn Politik und Wirtschaft nicht in der Lage seien, etwas zu verändern, käme es auf den Einzelnen an. „Jeder für sich muss den Weg der Selbsterkenntnis gehen", ist sie überzeugt*

Eine „gemischte Loge", die im Schottischen Ritus [19, 20] arbeitet

Herzlich willkommen auf den Internetseiten der Freimaurerloge "Neuer Tempel Salomons"
Unsere Loge entstand im Jahr 2006 aus dem Zusammenschluss mehrerer Freimaurermeister in Köln. Die Logen der alten Schottischen Freimaurerei sind eine Schule der Erkenntnis, gestützt auf die drei Pfeiler **Symbolik, Ritualistik** *und* **mündliche**

Weitergabe. Sie ist ein stufenweise aufsteigendes System, in welchem unsere Mitglieder nicht nur die Meister ihres eigenen Lebens und Architekten ihres eigenen Schicksals werden können, sondern auch die höchsten ethischen Ideale und Werte in ihre Persönlichkeit integrieren. Der traditionelle, überlieferte Weg des „Alten und Angenommenen Schottischen Ritus" mit seinem 33gradigen Lehrgebäude hilft uns, uns diesen Zielen immer mehr zu nähern. So übertragen Freimaurer eine jahrhundertealte Tradition in die heutige, moderne Zeit.

Von Anfang an war uns klar, dass dieser Weg Männern und Frauen offen stehen muss. Deshalb sind wir eine gemischte Freimaurerloge. Das heißt, eine Loge in der Männer und Frauen gemeinsam zusammenarbeiten. Unsere Loge vereint Menschen aus allen Gesellschaftsschichten, und mit einem Durchschnittsalter von ca. 40 Jahren gehören wir sicherlich zu den „jüngeren" Logen im Lande.

Der "Alte und Angenommene Schottische Ritus" (AASR) ist ein Grad - und Hochgradsystem mit 33 Graden und ist in den USA stark vertreten. Die schottische Werkmaurerei ist deutlich älter als ihre englische Schwester und war in ihrem Selbstverständnis auch deutlich anders ausgerichtet. Eine Verbindung des "AASR" zur alten schottischen Werkmaurerei ist sehr umstritten, doch gibt es im AASR Legenden, welche diese Verbindung darstellen und auf die sich die Freimaurer dieser Lehrart berufen. Die Wurzeln der so genannten "Schottischen Systeme" liegen im Frankreich des 19. Jahrhunderts.

Einige Brüder Meister dieser Zeit waren der Meinung, dass in der Freimaurerei mehr Lehren zu finden seien als bisher bekannt und veränderten bzw. ergänzten die bestehenden Lehrarten. Hier, in Frankreich, wurde schon 1804 mit der „Französischen Großloge des Alten und Angenommenen Schottischen Ritus" durch Graf Grasse-Tilly eine Lehrart dieses Charakters gestiftet.

Aus dem ursprünglich französischen Perfektionsritus wurde in den USA im 19. Jahrhundert die uns heute begegnende Lehrart mit seinen 33 Graden geschaffen. In Großbritannien fasste sie erst 1846 Fuß, als man dort den „Obersten Rat für England und Wales" mit Bezug auf eine aus den USA stammenden Urkunde gründete.

Es gibt weltweit eine informelle Übereinkunft darüber, dass auch das schottische System erst in den Hochgraden, also außerhalb der drei wesentlichen Freimaurergrade Lehrling, Geselle und Meister, seine inhaltlichen Eigenarten vermittelt. Dennoch gibt es oft schon in den Ritualen der ersten drei Grade kleine Unterschiede zwischen den schottisch arbeitenden und denen im so genannten „englischen Selbstverständnis" arbeitenden Freimaurerlogen. Der AASR ist streng ordenshierarchisch organisiert und arbeitet rein maskulin oder gemischt-geschlechtlich. Die Brüder des AASR-Männer-Ordens bezeichnen den gemischt-geschlechtlichen AASR als irregulär und unterhalten zu diesem keinerlei (offizielle) Verbindungen.

Geschichte der Freimaurerei

 Der Begriff "freemason", also Freimaurer, taucht bereits am 9. August 1376 in einer Londoner Urkunde auf, ein bärtiger Steinmetz wird bereits 1144 im sogenannten "Lehrlingszeichen" der Maurer am Westportal des Stephansdoms in Wien abgebildet. Die Inhalte der Lehren und Symbole der Freimaurer weisen jedoch in noch ältere Zeiten, und knüpfen Verbindungen zu geistlichen Mönchs - und Ritterorden des Mittelalters sowie verschiedenen Mysterienbünden der Antike. So nannten sich beispielsweise die Essener bereits um 150 vor Christi Geburt untereinander "Brüder", und ein Novize bekam bei der Einweihung einen Schurz umgebunden. Das "Erkenne dich selbst" der heutigen Freimaurer wurde bereits in den eleusinischen Mysterien rituell angestrebt. Die Erkenntnisse und Inhalte dieser alten Mysterientraditionen flossen in die aufstrebende Religion des neuen Zeitalters, das grad entstehende Christentum mit ein. Einer der eifrigsten Verfechter der "neuen" Glaubensrichtung war der Mönch und Ordensgründer Benedikt von Nursia (480-543). Mit seiner Losung "Ora et Labora", Bete und Arbeite also, vereinigt er

morgenländische Innenschau mit abendländischer Tatkraft.
Der Benediktinerorden wird in den folgenden Jahren führend in der europäischen Baukunst.
Als mit der Zeit die Bauaufträge immer mehr und umfangreicher werden, greifen die Benediktiner und andere bauende Orden wie Zisterzienser oder Templer vermehrt auf Laienbrüder zurück, die sie selber ausbilden. Da diese Männer nach ihrer Ausbildung zwar hervorragende handwerkliche Fähigkeiten aufwiesen, meistens aber weder lesen noch schreiben konnten belegten die Mönchsorden die Handwerksgeräte der Arbeiter mit religiösen, mystischen Bedeutungen um ihre Lehren weiterzugeben.

Besonders Orden wie die Tempelritter ließen das Wissen der verschiedenen Religionen und esoterischen Gemeinschaften, mit denen sie im Heiligen Land kooperierten, in ihre Bauten und Baubruderschaften einfließen. Die Grundzüge der freimaurerischen Lehrmethode waren geboren. Im Mittelalter, entstehen aus den Klöstern heraus selbstständige, festgeschlossene Kooperationen, die Zünfte. Ihre Ziele waren zugleich weltlicher wie religiöser Art, und in ihnen findet sich bereits die noch heute übliche Einteilung in Lehrling, Geselle und Meister.
Diese Zünfte genossen besondere Vorrechte, z.B. eine eigene Gerichtsbarkeit, Versammlungsrecht, sowie das Recht Schwerter zu tragen, um sich und ihre Geheimnisse zu verteidigen. Diese Vorrechte genießend und nach dem tiefen Wissen der Bruderschaften strebend, flossen bis zum 18. Jahrhundert immer mehr Nichtmaurer aus Adel und hohen Bürgerschichten in die Logen ein. Das Eintreten hoher Geistlicher und Gelehrter verhilft

den inneren Lehrinhalten zu neuen Höhen und führt zu immer neuen Hochgradsystemen und Vertiefungsstufen, die in der der Strickten Observanz mit ihren 99 Graden und der Gründung des Illuminatenordens durch Adam Weishaupt 1776 gipfeln.

In der heutigen Zeit bearbeiten die meisten Logen die ersten drei Grade und schließen sich danach einem Hochgradsystem, wie dem Schottischen Ritus, oder dem York Rite an.

Neben den, traditionell, maskulinen, reinen Frauenlogen und entsprechend „gemischten Logen", die sich im allgemeinen als humanistisch, einige als christlich, bezeichnen, gibt es natürlich auch laizistisch geprägte Logen.

Zwei sollen vorgestellt werden:

Laizistische Logen in Deutschland [16]:

*Avant-Garde ist derzeit die einzige deutsche Freimaurerloge, deren Ausrichtung **a dogmatisch, laizistisch, liberal** ist. Dieser hohe Anspruch ist gleichzeitig Verpflichtung in einem Umfeld, das überwiegend von deutschen traditionellen (maskulinen) Logen gekennzeichnet ist.*

Concordia
domi,
foris pax

Eintracht innen.
Frieden draußen.

Avant-Garde gehört keiner Großloge an und ist somit unabhängig. Dies verleiht ihr einen besonderen Status. Vielmehr versteht sie sich als Missionsloge und Brückenbauer zu den unterschiedlichen Systemen und Lehrarten innerhalb Deutschlands und Europas, unabhängig davon, ob diese anglophil oder frankophil geprägt sind.
*Vorbehaltlos pflegt und kultiviert **Avant-Garde** freundschaftliche Beziehungen, Kontakte und Austausch zu Logen der verschiedensten Obedienzen (Großlogen) in Deutschland, Frankreich, Belgien, Schweiz, Luxemburg, Österreich und Spanien.*
*Die somit gewonnene Reputation und Anerkennung ist sichtbarer Beweis und Erfolg dieses Bemühens. **Avant-Garde** sieht sich als inter-obedienzielle europäische Loge.*
Der Großteil der freimaurerischen Werte entstammt dem Zeitalter der Aufklärung.
Im Folgenden dargestellt als fünf Grundpfeiler der Freimaurerei:
Freiheit, Gleichheit, Brüderlichkeit, Toleranz** und **Humanität

Freiheit soll verwirklicht werden durch die Freiheit vor Unterdrückung und Ausbeutung als Grundvoraussetzung der Freiheit des Geistes und der Verwirklichung.
Gleichheit bedeutet Gleichheit der Menschen ohne Klassenunterschiede und Gleichheit vor dem Gesetz.
Brüderlichkeit wird verwirklicht durch Sicherheit, Vertrauen, Fürsorge, Mitverantwortung und der Verständigung mit- und untereinander.
Toleranz wird gelebt durch aktives Zuhören und Verständnis anderer Meinungen.
Humanität umfasst die Summe aller vorherigen vier Grundsäulen und wird durch den Tempel der Humanität symbolisiert.

Das Ziel der Freimaurerei liegt darin, diese Grundsätze im Alltag zu leben, um so das menschlich Gute in der Welt zu fördern.

Freimaurerloge **ΤΙΜΑΙΟΣ!** 17

Eine „freie Loge" Das Selbstverständnis dieser Loge drückt sich in der Eigendarstellung auf deren Homepage so aus:

Unsere Freimaurerloge ist keine Loge im Anerkennungssystem der Großloge von England (UGLoE). Sie ist es schon deshalb nicht, weil wir auch Frauen zu unseren Arbeiten zulassen und keine religiöse Überzeugung als Bedingung für die Aufnahme in den Bund der Freimaurer voraussetzen.

Beides ist in den Logen, welche sich dem Anerkennungssystem der englischen Großloge unterstellen, nicht erlaubt.

Seit die Großoriente von Frankreich und Belgien keine religiöse Überzeugung als Voraussetzung für die Aufnahme in den Bund der Freimaurer mehr verlangen (1877), hat die Vereinigte Großloge von England (UGLoE) diese freimaurerischen Dachverbände aus ihrem Anerkennungssystem entlassen und verbietet es ihren Brüdern seitdem, Logen dieser Großoriente zu besuchen.

Das gleiche Verbot gilt für alle a-dogmatischen und liberalen Logen, z.B. solche, welche Frauen aufnehmen.

Dieses so genannte „freimaurerische Schisma" beeinträchtigt die Glaubwürdigkeit der Freimaurerei natürlich enorm, wenn man von einer universellen Bruderkette spricht. „Alle Menschen werden Brüder"

Dieses Ideal der Freimaurerei spricht von Menschen und nicht von Frauen oder Männern, Christen oder Juden, Behinderten oder Leistungssportlern, Dunkelhäutigen, Reichen, Armen, Akademikern oder Facharbeitern, einfach nur von Menschen.

Und genau so halten wir es mit der Freimaurerei. Wir unterscheiden die Menschen nicht nach Religion, gesellschaftlichem Stand, Hautfarbe oder Geschlecht. Bei uns arbeiten freie Menschen von gutem Rufe am symbolischen Tempel der Humanität. Wir arbeiten als „gerechte und vollkommene Loge", d.h. wir wurden streng nach den „Universellen Freimaurerischen Prinzipien" und somit gemäß der alt-ehrwürdigen Tradition der Freimaurer gegründet und haben uns verpflichtet, fortan nach diesen Grundsätzen zu arbeiten. Die Verwaltungskommission der Logenkonföderation LITHOS überwacht dieses fortlaufend mit großer Sorgfalt. Wir sind Mitgliedsloge der Logenkonföderation LITHOS und somit Teil des CLIPSAS-Netzwerks. Wir stehen in der Tradition der republikanisch-laizistischen Lehrart der Freimaurerei, arbeiten also im Geiste des Großorients von Frankreich.

Schauen wir nach diesen „aktuellen Betrachtungen" der Vielfalten
in der Welt der Freimaurerei was ein Zeitdokument aus dem Jahr
1861/1863 zur Erläuterung dessen, was Freimaurerei ist, aussagt.

.

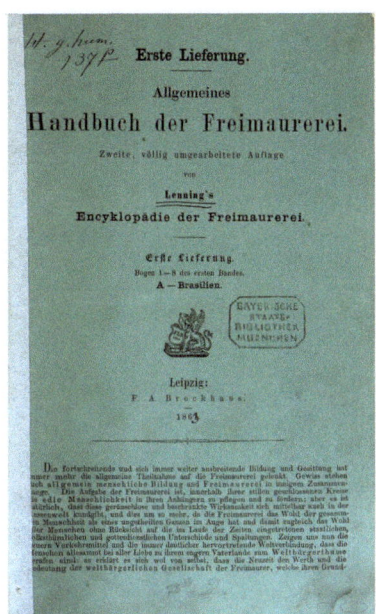

Bild : Allgemeines Handbuch der Freimaurerei . Zweite, völlig
überarbeitete Auflage, von „Lenning's" Enzyklopädie der Freimaurerei
Erste Lieferung Bögen 1 – 8 des Ersten Bandes, Leipzig F.A. Brockhaus
1863

Dort heißt es, schon auf dem Titelblatt u. a.

*Die Aufgabe der Freimaurerei ist, innerhalb ihrer stillen,
geschlossenen Kreise die edle Menschlichkeit in ihren Anhängern
zu pflegen und zu fördern; aber es ist natürlich, dass diese
geräuschlose und beschränkte Wirksamkeit sich mittelbar auch in
der Außenwelt kundgibt, und dies umso mehr, da die Freimaurerei*

das Wohl der gesamten Menschheit als eines ungeteilten Ganzes im Auge hat und damit zugleich das Wohl der Menschen ohne Rücksicht auf die im Laufe der Zeiten eingetretenen staatlichen, volkstümlichen und gottesdienstähnlichen Unterschiede und Spaltungen. Zeigen uns nun die neueren Verkehrsmittel und die immer deutlicher hervortretende Weltverbindung, dass die Menschen allesamt, bei aller Liebe zu ihrem engeren Vaterland zum Weltbürgertum berufen sind: so erklärt es sich von selbst, dass die Neuzeit den Wert und die Bedeutung der weltbürgerlichen Gesellschaft der Freimaurer, welche ihren Grundsätzen gemäß über die ganze Erde verbreitert sein kann und verbreitet ist, immer mehr erkennt und derselben immer größere Aufmerksamkeit widmet. Von dem innersten Bewegungspunkte unserer Zeit soweit, sowie überhaupt vom Standpunkte der Bildungsgeschichte der Menschheit ist es daher Teilnahme erweckend und wissenswert zu erfahren, wie diese Gesellschaft entstanden und fortgebildet worden, wie weit sie verbreitet, wie sie tätig, wie sie geordnet und gegliedert ist. Ein Gesamtbild von dem Wesen und der Geschichte , der Verfassung, den Zuständen und der Wirksamkeit der Freimaurerei in allen Ländern der Erde ist für den Mann der Wissenschaft, wie für jeden Gebildeten, aber auch für jedes Mitglied der Gesellschaft selbst ebenso belehrend, wie anziehend und erhebend.

Ein solches Gesamtbild soll das **Allgemeine Handbuch der Freimaurerei** *gewähren.* Das Handbuch liefert lexikalisches Wissen, **um-** und **be**schreibt Dinge, die nicht dem Arkanum, der Verschwiegenheit, unterliegen. Damit liefert das Handbuch zweierlei, verschieden anzuwendende Informationen:

- Für die eingeweihten Freimaurer ein Nachschlagewerk, in dem sie die Symbol- und sonstigen Erklärungen für das Verständnis des Bundes im Allgemeinen und ihre Logenarbeiten im Besonderen finden können.

- Für die nicht Eingeweihten, die Profanen Beschreibungen, deren Sinn und Inhalt genau so informativ sind, wie das Lesen einer Partitur für jemand ohne Kenntnis der Notenlehre.

Was ist allen Freimaurerlogen gemeinsam?

Wer Freimaurer werden will, muss ein „freier Mensch" (Mann) von gutem Ruf sein darf keine Schulden haben und nicht vorbestraft sein. Die „Alten Pflichten" von 1723 der Freimaurer legen dies als Grundbedingung fest.

Hier dies Originalfassung:

The Persons admitted Members of a Lodge must be good and true Men, free-born, and of mature and discreet Age, no Bondmen, no Women, no immoral or scandalous Men, but of good Report him, and unless he be a perfect Youth, having no Maim or Defect in his Body......

Dort heißt es u. A.:

"Die als Mitglieder einer Loge aufgenommenen Personen müssen gute und aufrichtige Männer sein, von freier Geburt, in reifem und gesetzten Alter, keine Leibeigenen, keine Frauen, keine sittenlosen und übel beleumundeten Menschen, sondern nur solche von gutem Ruf, aber auch keine körperlich behinderten Menschen........."

Diese, vor dem geschichtlichen Hintergrund der damaligen Zeit festgelegten Regeln, werden insofern modifiziert, als heute auch jüngere Männer sowie Frauen Freimaurer werden (können), und die übrigen Regeln unverändert eingehalten werden. Über die Fragen von „Regularität" soll an dieser Stelle nicht diskutiert werden.

Es spielt keine Rolle, ob man sich über Freimaurer, Freimaurerei auf den entsprechenden Seiten im Internet oder bei persönlichen Besuchen der Gästeabende informiert, man stößt stets auf die gleichen Gemeinsamkeiten.

Dabei spielt es keine Rolle, ob es sich um eine Männer-, Frauen- oder gemischt arbeitende Loge handelt.

Es sind fünf Grundideale:

Freiheit,

Gleichheit,

 Brüderlichkeit,

Toleranz und

Humanität.

die, idealer Weise, durch die praktische Einübung im Alltag gelebt werden (soll), wie es auf einer der Web-Seiten heißt.

Das bezeichnen Freimaurer als

„Bau des Tempels der Humanität".

Es wird auch noch erläutert, dass diese „Arbeit" in einem Raum, der **„Tempel"** genannt wird, als **„Tempelarbeit"** durchgeführt wird.

Was dort geschieht, bleibt unbeantwortet, weil Freimaurer über ihr Ritual in der Öffentlichkeit schweigen – das ist freimaurerisches Geheimnis.

Es ist eine symbolische Arbeit, eine Arbeit mit Symbolen:

- Der raue Stein = die persönliche Unvollkommenheit
- Das Senkblei = Geradlinigkeit in Wort und Tat
- Die Winkel- oder Wasserwaage = Gleichheit anderer Menschen gegenüber
- Der rechte Winkel = Rechtschaffenheit und Gewissenhaftigkeit
- Der 24zöllige Maßstab = Instrument der Geduld, Zeiteinteilung
- Der Zirkel = Menschenliebe und Toleranz

Zu den Zielen gehört nach eigenen Aussagen fast aller, bisher aufgeführter Logen, auch die Hilfe für Menschen in Not.

Gleichzeitig heißt es:
Freimaurer suchen nach Erkenntnis

Erkenne Dich selbst:

„Schau in dich." „Schau um dich." „Schau über dich."

Anlässlich des Großlogentages 2015 der AFAM in Osnabrück ist es interessant zu hören, wie der „zugeordnete Großmeister" die Freimaurerei in der Öffentlichkeit darstellt.

Zu hören und zu sehen unter:

http://www.os1.tv/sendungen/os1tv-aktuell--das-magazin/300-freimaurer-in-osnabrueck_29453

Textmitschrift:

Os1-tv, off-Sprecher:
Die Freimaurer sind in Osnabrück. Noch bis heute Abend halten rund 300 Freimaurer ihr Großlogentreffen in der Hasestadt ab. Am Mittwoch begrüßte Oberbürgermeister Wolfgang Grieser den Vorstand im Friedenssaal. Ein Empfang eines exklusiven und meist verschlossenen Zirkels, der sich bürgerschaftlich engagiert So zum Beispiel für das Kinder- und Jugendtheater „Oskar". 10.000€ überreichte die Bruderschaft auf der gestrigen Freimaurergala im Remarque-Hotel. Aber auch das caritative Engagement der Freimaurer bleibt oft im Verborgenen. Geheimhaltung und Verschwiegenheit spielen für Freimaurer eine große Rolle. Auch deshalb wohl spinnen sich viele Legenden und Verschwörungstheorien um das Freimaurertum.

Sprecher: **Marcel Trocoli Castro:**
Doch was steckt tatsächlich wirklich hinter dem Freimaurertum? Ich versuche heute, etwas Licht ins Dunkle zu bekommen und frage einen waschechten Freimaurer. Peter Doderer, der stellvertretende Bundesvorsitzende der deutschen Großloge ist heute mein Gast im Studio.

Und damit herzlich willkommen, liebe Zuschauer, zu os1-tv aktuell ……………:

Liebe Zuschauer, Geheimhaltung und Verschwiegenheit gehören für Freimaurer jeher dazu, umso mehr freut es mich heute, Peter Doderer im Studio zu begrüßen : Herzlich Willkommen bei uns , Herr Doderer, Sie sind stellvertretender Bundesvorsitzender der Großloge der Alten und Angenommenen Maurer von Deutschland. Was ist das für eine Position, die Sie da begleiten?

Peter Doderer: *Wie in jedem Bundesverband und Vorstand gibt es mehrere Stellvertreter des Vorsitzenden, bei uns heißt das in der Freimaurersprache der Großmeister und ich bin einer der „zugeordneten Großmeister", wir haben also zwei, bzw. drei Stellvertreter, und ich habe praktisch als ständiger Vertreter des Großmeisters dann die Aufgabe, wenn er verhindert ist, auch zum Beispiel dieses Interview, was er gerne mit ihnen geführt hätte, dann für ihn wahrzunehmen.*

Marcel Trocoli Castro: *Die Stellvertretung zu leisten.*

Peter Doderer: *Ja*

Marcel Trocoli Castro: *Ja, um die Geheimbünde der Freimaurer, da ranken sich ja viele Legenden, bis hin sogar vielleicht zu Verschwörungstheorien. Herr Doderer, jetzt habe ich ja die Chance sie endlich zu fragen, also ganz insgeheim, ja? Wird die Welt durch die Freimaurer regiert?*

Peter Doderer: *Dann müsste man dieses Interview jetzt abbrechen, dann dürfte ich ja nichts mehr sagen.*

Nein, Herr Trocoli, im Ernst, es ist so, die Verschwörungstheorien sind so alt wie die Freimaurerei

Marcel Trocoli Castro: *Ja,*

Peter Doderer: *Sie ranken sich vielleicht als Legendenbildung noch weiter zurück bevor es Freimaurer gegeben hat. Es gab immer Menschen, die anderen obskur waren, aber von Geheimbund und von Verschwörung keine Rede. Das hängt vielleicht damit zusammen, dass wir, wenn wir in eine Loge eintreten, uns versprechen über das was in der Loge, über die inneren und äußeren Angelegenheiten in einer Loge nichts nach außen tragen. Und diese Verschwiegenheit, die ich als Manneszucht und Tugend empfinde, eine Tugend sich selbst auch mal ab und zu beherrschen, dass wird dann sehr gerne mit Geheimniskrämerei in Verbindung gebracht. Es ist absolut nichts dran.*

Marcel Trocoli Castro: *Jetzt sind sie selbst 1998 in eine Loge eingetreten. Was war ihre Motivation Freimaurer zu werden?*

Peter Doderer: *In den 90er Jahren, des letzten Jahrhunderts muss man ja schon sagen, war ich im Freundeskreis des Goethe-Nationalmuseums in Weimar. Ich war da zweiter Vorsitzender und irgendwann kam eine Anfrage, ich weiß gar nicht mehr woher, ich glaube aus den USA, ob es möglich ist, Goethes Mitgliedschaft in der Loge Anna Amalia in Weimar zu recherchieren und was denn da von ihm noch so an Schriftstücken übergeblieben ist.
Ich bin dann zu der Loge, hab da Verbindung gesucht zu der Loge und war ganz erstaunt mit welcher Offenheit, mit welcher Freundlichkeit man mir begegnet ist und in den Gesprächen hat sich so nach und nach ein Gedankenbild´, auch für mich, weil das ging ja nicht alles an einem Tag, ein Gedankenbild und ein Weltbild entwickelt, was meiner Idee und Überzeugung von … ja einem menschlichen Zusammenleben doch sehr nahe kam.*

Marcel Trocoli Castro: *Vielleicht können Sie ja mal beschreiben, also was für eine Idee steckt hinter dem Freimaurertum oder welche Ziele verfolgen sie?*

Peter Doderer: *Also die Freimaurerei versucht – versucht – durch ihre Mitglieder die Welt etwas menschlicher zu machen und jedes Mitglied, nicht die Organisation, sollte das tun. Und der Grundidee liegt zugrunde dass wir einen Bau, den Tempelbau der Humanität, so nennen wir ihn, bauen, und jeder, der dort mitmacht, sich als Stein in diesem Bau einfügen kann und sich selbst – sich selbst – so behaut, dass er da hineinpasst und dass das Gebilde nachher auch tragend ist und hält.*

Marcel Trocoli Castro: *Und im Grunde ist man auch ein grober Stein ,zunächst, weil es geht , glaub ich, ein bisschen darum an sich selbst zu feilen und zu arbeiten , das ist so' n bisschen Persönlichkeitsentwicklung. Also auch als fertige Persönlichkeit geht man nicht in eine Loge, oder?*

Peter Doderer: *Man geht schon rein und hat dann mit seinem „rauen Stein" so wie er bei uns ist heißt, oder in der Schweiz heißt er „der rohe Stein" aber auch in den anderen gebräuchlichen Sprachen, „der raue Stein" und da merkt man doch auch mal, dass man in gewissen Dingen doch sehr falsch liegt. Auch in vielen Dingen doch Vorurteile mit sich trägt und wenn man dann feststellt, dass es manchmal doch sehr einfach ist.*
Es gibt ja, es ist ja manchmal leichter ein Atom zu spalten als Vorurteile abzubauen, aber das ist eine der wesentlichen Merkmale Geduld zu üben, Zuhören zu können, was mir auch nicht immer leicht fällt, weil ich auch sehr gerne mich kommunikativ , also rede, aber auch mal die Meinung des anderen zu hören und die auch zu hinterfragen und auch dann für sich gelten zu lassen.

Marcel Trocoli Castro: *So haben auch Sie persönlich viel seit ´98 über sich selbst und die anderen gelernt.*

Peter Doderer: *Auch einiges erfahren, was auch manchmal dazu führte, dass man doch dann sehr nachdenklich wird und sich, nicht generell, hinterfragt , aber doch versucht – es ist ja immer nur ein Versuch – das Eine oder Andere zu lassen oder auch besser zu machen.*

Marcel Trocoli Castro: *Es kann nun nicht jeder in eine Loge eintreten, zumindest gibt es eine gewisse Regel. Es muss ein freier Mann von gutem Ruf sein. Was ist damit gemeint?*

Peter Doderer: *Mit dem freien Mann war in den „Alten Pflichten", so, dass sind die Basis, das Grundgesetz der Freimaurer. Damit war angedacht: Ein freier Mann, nicht Leibeigen, von gutem Ruf unbescholten, ich würde sagen heute, würde sagen unabhängig, nicht finanziell, sondern auch geistig naja unabhängig und auch nach wie vor unbescholten, also jeder kann mitmachen, aber die Tatsache …..*

Marcel Trocoli Castro: *also es sind auch so Dinge wie nationale, Nationalität, Religionszugehörigkeit, spielt da keine Rolle.*

Peter Doderer: *Nein, nein, wir haben in den Logen Angefangen über Mitbrüder jüdischen Glaubens, Mohammedaner, also islamischen Glaubens , also alle Glaubensrichtungen fast vertreten und wir brauchen auch kein polizeiliches Führungszeugnis , wir brauchen auch keine Bankauszüge, es sollte eine gewisse Bereitschaft oder eine gewisse Reife bei dem Kandidaten, der Freimaurer werden will, da sein, vor allem wir werten ja nicht , wir nötigen keinen, wir machen keine Werbung , sondern derjenige, den nennen wir Suchenden , der soll aus freien Stücken zu uns kommen und hinterher sagen : OK, das ist das, was ich gesucht habe und jetzt bin ich dabei.*

Marcel Trocoli Castro: *Und wie sieht das aus mit dem Nachwuchs, haben sie da vielleicht Schwierigkeiten, könnte man sich da vielleicht denken.*

Peter Doderer: *Also ich hab gestern zu meinem großen Erstaunen gehört, dass wir doch momentan relativ stark wachsen. Das heißt nicht zu meinem Erstaunen, sondern ich hatte andere Zahlen und die waren aber, basierten auf den Mitgliederbeständen vor zwei Jahren. Es ist momentan eine Nachfrage. Und Nachfrage, ja Nachfrage nach vielen Menschen mittleren Alters , da rechne ich die dreißig bis vierzigjährigen zu, die sind für uns „Mittelalterreif", eben weil die Reife und etwas im Leben erlangt zu*

---

haben bedeutet ja auch eine gewisse Altersstruktur und deswegen , die Neuen, die dazukommen, wir können doch der Überalterung sehr entgehen, und ich finde das an und für sich für eine positive Entwicklung dass wir uns momentan auf einem, oder die Freimaurerei und die Logen sich auf einem guten Weg befinden sich auch zu verjüngen. Bringt auch neue Gedanken rein.

Marcel Trocoli Castro: *Ja, glauben sie denn, dass sich die Loge in Zukunft auch mal ein bisschen modernisieren könnte oder wollen sie wirklich, also es gibt ja so ein Regelwerk aus dem 18. Jahrhundert, an dem sie ja seit jeher festhalten. Also ist da überhaupt ein kleiner Spielraum irgendwie etwas zu verändern?*

Peter Doderer: *Also sagen wir mal so, wir müssen uns ändern, damit es so bleibt wie es ist. Wir werden behutsame Änderungen vornehmen, allerdings am Ritual, das wir einmal im Monat je nach Logengröße oder manchmal alle zwei Monate durchführen, möchte ich ungern was ändern, weil es sich bewährt hat , weil es auch eine gewisse Art von Zusammengehörigkeitsgefühl gibt , wobei übrigens dieses Ritual, es schon hunderte und tausende Male veröffentlicht wurde und sagt einem Nichtfreimaurer überhaupt nichts. Das ist genau wenn sie hier eine Partitur hätten und wir müssten lesen Sie haben mit der Musik sind zu Hause……*

Marcel Trocoli Castro: *Aber en Detail, für die Zuschauer müssen wir jetzt auch nochmal sagen normalerweise jetzt müsste ich Sie fragen wie sieht dieses Ritual aus und sie dürfen eigentlich nicht darüber sprechen.*

Peter Doderer: *Das ist eines der ersten was wir gelobt haben, darüber schweigen wir.*

Marcel Trocoli Castro: *OK ! Genau so ist Regel das Frauen – in ihrer Loge zumindest keinen Zutritt haben, aber es gibt auch Frauenlogen mittlerweile. Daran wird sich aber auch in Zukunft wahrscheinlich nichts ändern.*

Peter Doderer: Gott sei Dank, gibt es Frauenlogen, das ist ja einer der Vorwürfe der uns gemacht würde, dass wir also keine Frauen in den Logen dulden und der Altbundeskanzler Helmut Schmidt, dem haben wir in diesem Jahr den „Gustav Stresemann-Preis" verliehen, der hat auch darauf hingewiesen, dass wir relativ inkonsequent gewesen seien und nicht konsequent genug, und die Frauen so ein bisschen vernachlässigt , aber bei Frauenlogen sagt er, das ist in Ordnung . Wenn er überlegt, so sagt er, der Helmut Schmidt, das ist in der Gesellschaft gar nicht mal der Freimaurer Schuld. Bis in seine Amtszeit in die 70er Jahre konnte keine Frau ein Rechtsgeschäft abschließen ohne Zustimmung ihres Mannes. Also so weit sind wir nicht von der.. , da waren wir schon etwas fortschrittlicher, da gab es schon Frauenlogen.

Marcel Trocoli Castro: *Ja, Sie als Loge tun auch viel Gutes, engagieren sich bürgerschaftlich, aber auch da, sprechen sie bislang noch nicht so gerne darüber. Zumindest das könnte man doch ändern, oder?*

Peter Doderer: Ja da nehmen wir auch den Altkanzler beim Wort. Als er in seiner Entgegnung, bei der Entgegennahme des Preises sagte er:" Tut auch Gutes und redet darüber".
Und dieses Gutes tun und darüber reden das, wenn ich das noch sagen darf, das will ich gerne zum Anlass nehmen, wir haben das Freimaurerische Hilfswerk, das dem paritätischen Wohlfahrtsverband angeschlossen ist, und als die große Katastrophe in Haiti war, vor Jahren, sind ja Millionen die gesammelt wurden, die irgendwo geblieben sind, keiner weiß wo, und wir haben vom Freimaurerischen Hilfswerk einen Spendenaufruf gehabt, die Spenden gingen n ach Haiti und wurden dort an Ort und Stelle von Brüdern Freimaurern gezielt dahin gelenkt wo sie hin sollten. Da ist wirklich Not gelindert worden und das denke ich würden wir in Zukunft auch gerne nach draußen bringen. Nicht Personen, die wir fördern, das unterliegt dem Datenschutz, und da ist auch die Privatsphäre gefragt, aber diese Aktion denke ich schon, sind es allemal wert, dass sie, dass wir sie nach außen tragen und auch, sagen wir mal über die Presse…

Marcel Trocoli Castro: *Ja, oder zum Beispiel auch die Zehntausend Euro, die gestern durch die Großloge an das Kinder- und Jugendtheater „Oskar" verliehen worden sind.*

Peter Doderer: *Absolut! Es ist ja so, dass die Loge in Osnabrück mit dem Theater aus Osnabrück mit dem Theater sehr gute und enge Kontakte hat und wir haben seit Jahren dieses Engagement gesehen und Herr Köhn vom Theater hat ja gestern auch nochmal die Summen genannt, die da im Raum stehen, und wenn es dazu hilft, und diese Grundidee deckt sich ja mit einer unserer Ideen gerade den Benachteiligten aber auch die Förderung von Begabten und so weiter, da denke ich, ist das Geld gut aufgehoben und ich war so gestern erstaunt, wie viel Engagement dahinter steckt, aber auch wie viel finanzielle Diskrepanz um die Höhe ..Sachen ..dann also Diskrepanz in finanzieller Hinsicht um diese Sache durchzuführen*

Marcel Trocoli Castro: *Und das Kinder- und Jugendwerk wirklich zu unterstützen*

Peter Doderer: *Ja, Absolut*

Marcel Trocoli Castro: *Herr Doderer, ich bedanke mich für ihren Besuch im Studio und dass sie uns einen kleinen Einblick gegeben haben ins Freimaurertum, Dankeschön dafür.*

Peter Doderer: *Ich danke Ihnen, Herr Trocoli und ich hoffe auf ein baldiges Wiedersehen.*

Marcel Trocoli Castro: *Ja, sehr gerne, Dankeschön*

Der Interviewer war zu seinem Gast freundlich und so verlief das Gespräch entsprechend.
Im Gespräch verneinte der zugeordnete Großmeister ausdrücklich die Frage, ob Freimaurer ein Geheimbund sind
Was die Intension des Bundes betrifft, wies er darauf hin, dass jeder Freimaurer nur persönlich daran arbeiten könne die Welt menschlicher zu machen.
Ein genau definiertes Ziel der Freimaurerei konnte man nicht erkennen – außer, dass es lauter nette Menschen seien, die nur

Gutes wollten, und dass es sich im Wesentlichen um die Arbeit an der eigenen Persönlichkeit handelt, kam zum Ausdruck. Religionszugehörigkeit, wirtschaftliche oder soziale Potenz spielen keine Rolle als Aufnahmekriterium, sondern nur die Persönlichkeit eines Aufnahmesuchenden

Etwas ungewöhnlich stellte er die Haltung zu Frauenlogen dar. Auch wenn er Frauenlogen ausdrücklich begrüßte, verschwieg er, dass es allenfalls eine „allgemeine Duldung" durch die VGLvD, keinesfalls aber konkretes Zusammenarbeiten mit Frauenlogen oder gemischten Logen gibt.

Mehr als Vermietung von Räumlichkeiten an Frauen- oder gemischte Logen ist derzeit „nicht drin"! Seine Ausführungen hierzu wirken jovial, aber keinesfalls so, dass man von „brüderlicher Harmonie" sprechen könnte.

Die Position der katholischen Amtskirche zur Freimaurerei

Das II. Vatikanische Konzil, 'Vaticanum II', begonnen 1963 unter Papst Johannes XXIII, beendet unter Papst Paul VI im Jahr 1965, führte zu einer Aktualisierung kirchlich-dogmatischer Grundsätze, beispielsweise zur Akzeptanz der Religionsfreiheit. Dazu gehört auch
- Ökumenische Öffnung
- Öffnung zur Welt
- Dialog mit den Nichtchristen durch Anerkennung ethischer und religiöser Werte außerhalb der katholischen Kirche.

Religionskritiker kritisierten das Konzil als "zweifelhaften Versuch der katholischen Kirche, sich nur äußerlich einen modernen Anstrich zu geben, während es im Prinzip das katholische Dogma verteidigt habe".

Das kanonische Kirchenrecht bestimmte damals noch immer, dass ein Katholik durch den Eintritt in eine freimaurerische Vereinigung automatisch (ipso factu) exkommuniziert sei.

Auf Initiative von Kardinal Franz König kam ein langjähriger Dialog zwischen der katholischen Kirche und der Freimaurerei zustande, die am 5. Juli 1970 in einer gemeinsamen *Lichtenauer Erklärung* ihren Ausdruck fand.

Sprecher und Verhandlungsführer der Freimaurer war der damalige Großmeister der Großloge von Österreich, Dr. Kurt Baresch. In der von sechs Freimaurern aus den humanitären Großlogen von Deutschland, Österreich und der Schweiz, sowie drei Kirchenvertretern unterzeichneten Erklärung wurde festgehalten, dass die Freimaurerei keine Religion sei und keine Religion lehre, da die Freimaurer keine gemeinsame Gottesvorstellung besitzen.

Die großen Religionen verbinde „die zunehmende, weltweite Bedrohung ihrer Existenz durch Verneinung der Menschenwürde und Menschenrechte und durch pseudoreligiöse Ideologien."

Es wird die Auffassung vertreten, dass die päpstlichen Bullen, die sich mit der Freimaurerei befassen, nur noch eine geschichtliche Bedeutung haben und nicht mehr in der Zeit stünden.

Eine Verurteilung der Freimaurerei durch das Kirchenrecht sei aus den in der Erklärung angeführten Gründen von einer Kirche nicht länger zu rechtfertigen, die zudem „nach Gottes Gebot lehrt, den Bruder zu lieben."

Originaltext der Lichtenauer Erklärung:

In der Ehrfurcht vor dem Großen Baumeister des Universums erklären wir:

Die Freimaurer haben keine gemeinsame Gottesvorstellung. Denn die Freimaurerei ist keine Religion und lehrt keine Religion.

Freimaurerei verlangt dogmenlos eine ethische Lebenshaltung und erzieht dazu durch Symbole und Rituale.

Die Freimaurer arbeiten brüderlich gebunden in ihren selbständigen Bauhütten (Logen) unter souveränen Großlogen im Glauben an die Bruderkette, die die Erde umspannt.

Die Freimaurer huldigen dem Grundsatz der Gewissens-, Glaubens- und Geistesfreiheit und verwerfen jeden Zwang, der diese Freiheit bedroht

Sie achten jedes aufrichtige Bekenntnis und jede ehrliche Überzeugung.

Sie verwerfen jede Diskriminierung Andersdenkender.

Die Gesetze der Großlogen der Welt untersagen den Logen die Einmischung in politische und konfessionelle Streitfragen.

I. Im 12. und 13. Jahrhundert stehen die Prediger der Kirchen vor der fatalen Notwendigkeit, sich mit den verschiedenen Sekten und religiösen Bewegungen kämpferisch auseinanderzusetzen. Die Rechtgläubigkeit gewinnt entscheidende Bedeutung. Bald aber kommt es zu der misslichen Entwicklung, dass nicht selten innerkirchliche Reformgruppen mit außerkirchlichen in einen Topf geworfen und darin verbrannt werden. Das konfessionelle Zeitalter bestärkt dann den alten Hang neu, sehr verschiedenartige Gruppen von Menschen mit einem Schimpfnamen aburteilbar zu machen.

Diese Praxis wird bis ins frühe 20. Jahrhundert beibehalten. Sie trifft auch die Mitglieder des Freimaurerbundes, wie früher die Juden getroffen worden sind und wie – leichtfertig aber folgerichtig – die Parallele mit dem Wort von der Freimaurerei als der Synagoge des Satans gezogen werden kann.   Damit hat – ohne es zu wollen – auch die Römisch-katholische Kirche dem Nationalsozialismus und dem Faschismus Parolen für die Freimaurerverfolgung geliefert. Seit der Zeit ist im deutschsprachigen Raum Antifreimaurerei eine böse Gewohnheit jener Intellektuellen geworden, die versuchen, Schicksalsschläge für ein Land als Schuld der Freimaurer hinzustellen, um sich selbst davon freisprechen zu können.

So wird eine Psychose erzeugt, gemischt aus Furcht, Hass und Verfolgungswahn, die etwa der antiklerikalen oder der antisemitischen entspricht.

II. Wir bekennen, dass auch auf Seiten der Freimaurerei Fehler gemacht worden sind.

Die Schuld einzelner oder von Gruppen darf aber nicht der Gesamtheit angelastet werden. Darum erwarten wir, dass die Vorurteile vergangener Jahrhunderte und deren teils schreckliche Auswirkungen nur noch der Historie angehören.

III. Konventionalität und Vorurteile gehen Hand in Hand und keine Konventionalität ist hartnäckiger als die religiöse. Die Folge davon ist, dass die Kluft zwischen dem konventionellen Christentum und der unheimlich schnell sich wandelnden menschlichen Gesellschaft, damit auch die Freimaurerei, unmerklich, aber stetig tiefer und bedenklicher wird. Das deutlich erkannt zu haben, ist eines der großen Verdienste des II. Vatikanischen Konzils, bedauerlicher Weise, ohne dass aus dieser Erkenntnis Folgerungen bezüglich der Freimaurerei gezogen worden sind.

IV. Der heutige Mensch erfährt seine Situation als Zerrissenheit, als Selbstzerstörung und Sinnlosigkeit.
Aus dieser Erfahrung erhebt sich die Frage nach einer Wirklichkeit, in der die Selbstentfremdung seiner Existenz überwunden wird, also auch einer Wirklichkeit der Toleranz, der Versöhnung und der neuen Hoffnung.
Die Krise, in der sich die menschliche Gesellschaft heute befindet, trägt einen radikalen Charakter; sie erfasst alles.
Die Menschheit, die aus dieser Krise hervorgehen wird, wird darum eine neue und andere Menschheit sein, die an der Gottesfrage nicht vorbei gehen kann.
Das gilt ebenso für die Freimaurerei, auch wenn sie keine Religion ist. Dennoch fordert sie das sittliche Verantwortungsbewusstsein, das sie von ihren Mitgliedern verlangt, in Ehrfurcht vor dem Großen Baumeister des Universums.

V. Was die großen Religionen immer mehr miteinander verbindet, ist die zunehmende, weltweite Bedrohung ihrer Existenz durch Verneinung der Menschenwürde und Menschenrechte und durch pseudoreligiöse Ideologien Die Begegnungen des Papstes Paul VI. mit den Oberhäuptern anderer Religionen sind dafür Beweis
Auch die Freimaurerei steht in dieser Krise und weiß sich darum allen Kräften verbunden, die aus Überzeugung kämpfen gegen Vorurteile, Zwang, Unterdrückung und Programme, die Wahrheit vortäuschen.

VI. Wir wissen um die alten Gegensätze, die lange genug zur Verurteilung der Freimaurerei geführt haben. Es hat keinen Sinn, diese Gegensätze am Leben zu erhalten. Daher haben wir die Aufnahme eines Dialogs aufrichtig begrüßt, der bei allen bestehenden Unterschieden die Kräfte der Übereinstimmung lebendig gemacht hat. Wir haben das „Ja" zum Menschen als Basis des Dialogs wohl verstanden.

VII. In dem Dokument über den Dialog mit den Nichtglaubenden heißt es:„Die Verschiedenheit in sich geschlossener Systeme ist dann kein Hindernis für den Dialog, wenn in einem bestimmten System Wahrheit und Werte entdeckt werden; das aber ist auch bei der größten Meinungsverschiedenheit möglich. Auch dann, wenn die Partner einen verschiedenen Begriff der Wahrheit haben

und in den Prinzipien der Vernunft nicht übereinstimmen, kann
man versuchen, zu einer Übereinkunft zu gelangen."

Wie viel mehr als bei den Nichtglaubenden ist aber Ursache zu
einem Gespräch und Hoffnung auf ein gutes Ende bei denen, die
sich im Jahr 1723 die noch heute gültige, zeitlose Grundlage der
„ALTEN PFLICHTEN" gegeben haben:
„Der Maurer ist als Maurer verpflichtet, dem Sittengesetz zu
gehorchen, und wenn er die Kunst recht versteht, wird er weder
ein engstirniger Gottesleugner noch ein bindungsloser Freigeist
sein. In alten Zeiten waren die Maurer in jeden Land zwar
verpflichtet, der Religion anzugehören; die in ihrem Land oder Volk
galt; heute jedoch hält man es für ratsamer, sie nur zu der Religion
zu verpflichten, in der alle Menschen übereinstimmen, und jedem
seine Überzeugung selbst zu überlassen. Sie sollen also gute und
redliche Männer sein, von Ehre und Anstand, ohne Rücksicht auf
ihr Bekenntnis oder darauf, welche Überzeugungen sie sonst
vertreten mögen. So wird die Freimaurerei zu einer Stätte der
Einigung und zu einem Mittel wahre Freundschaft unter den
Menschen zu stiften, die einander sonst ständig fremd geblieben
wären."

VIII. Es ist für die von der Katholischen Kirche „getrennten Brüder"
– die Freimaurer – daher unbegreiflich, dass die Gesetze der
Kirche sie verurteilen, während die Gesetze der Großlogen jedem
Katholiken gestatten, Mitglied einer Freimaurerloge zu werden,
ohne dass seinem Glauben und seinem Bekenntnis ein Schade
oder ein Schimpf geschieht oder geschehen darf.

IX. Wir sind der Auffassung, dass die päpstlichen Bullen, die sich
mit der Freimaurerei befassen, nur noch eine geschichtliche
Bedeutung haben und nicht mehr in unserer Zeit stehen. Wir
meinen dies auch von den Verurteilungen des Kirchenrechtes, weil
sie sich nach dem Vorher gesagten gegenüber der Freimaurerei
einfach nicht rechtfertigen lassen von einer Kirche, die nach
Gottes Gebot lehrt, den Bruder zu lieben.

Lichtenau, den 5. Juli 1970
Ungeänderter Originaltext

Die katholische Amtskirche hat die "Lichtenauer Erklärung"
niemals autorisiert.

Auf Grund dieses Verständnisses wurde 1983 im Rahmen der Neukodifizierung die Exkommunikation der Freimaurer im Codex Iuris Canonici (CIC, Kodex des kanonischen Rechts) gestrichen und in der Apostolischen Konstitution „Sacrae Disciplinae Leges" am 25. Januar 1983 verkündet." Der novellierte CIC trat am 27. November 1983 in Kraft.

Auch wenn die Freimaurer im neuen CIC nun nicht mehr (wie im CIC, Version von 1917) ausdrücklich erwähnt werden, stellte Kardinal Joseph Ratzinger (der spätere Papst Benedikt XVI.) einen Tag vor in Kraft treten des novellierten CIC, am 26. November 1983, in seiner Funktion als Präfekt der Glaubenskongregation ohne Rücksicht auf den Versöhnungsgedanken der *Lichtenauer Erklärung* fest, dass ein Katholik, der zum Freimaurer wird, sich weiterhin in den Stand der schweren Sünde begebe und von der Eucharistie ausgeschlossen sei, da die grundsätzliche Unvereinbarkeit von Freimaurerei und katholischer Kirche ebenfalls im neuen *Codex Iuris Canonici* (CIC) weiterbestehe, **ohne jedoch ausdrücklich ausgesprochen zu sein.**
Eine ungewöhnliche Begründung, weil eine solche Begründung, im Bedarfsfall auf alles angewendet werden könnte.

Der Wortlaut des Beschlusses von 1983, ist bis heute gültig:

KONGREGATION FÜR DIE GLAUBENSLEHRE
URTEIL DER KIRCHE UNVERÄNDERT

Es wurde die Frage gestellt, ob sich das Urteil der Kirche über die Freimaurerei durch die Tatsache geändert hat, dass der neue CIC sie nicht ausdrücklich erwähnt wie der frühere.

Diese Kongregation ist in der Lage zu antworten, dass diesem Umstand das gleiche Kriterium der Redaktion zugrunde liegt wie für andere Vereinigungen, die gleichfalls nicht erwähnt wurden, weil sie in breitere Kategorien eingegliedert sind. Das negative Urteil der Kirche über die freimaurerischen Vereinigungen bleibt also unverändert, weil ihre Prinzipien immer als unvereinbar mit der Lehre der Kirche betrachtet wurden und deshalb der Beitritt zu ihnen verboten bleibt Die Gläubigen, die freimaurerischen Vereinigungen angehören, befinden sich also im Stand der schweren Sünde und können nicht die heilige Kommunion

empfangen. Autoritäten der Ortskirche steht es nicht zu, sich über das Wesen freimaurerischer Vereinigungen in einem Urteil zu äußern, das das oben Bestimmte außer Kraft setzt, und zwar in Übereinstimmung mit der Erklärung dieser Kongregation vom 17. Februar 1981 (vgl. AAS 73/1981; S. 240-241).
Papst Johannes Paul II, hat diese Erklärung, die in der ordentlichen Sitzung dieser Kongregation beschlossen wurde, bei der dem unterzeichneten Kardinalpräfekten gewährten Audienz bestätigt und ihre Veröffentlichung angeordnet.

Rom, am Sitz der Kongregation für die Glaubenslehre, 26. November 1983.
Joseph Kardinal RATZINGER
Präfekt
+ Erzbischof Jérôme Hamer, O.P.
Sekretär

Die erste von zwanzig päpstlichen Bullen, Rechtsakten und Verlautbarungen – die die Freimaurerei verdammen – wurde von Papst Clemens XII. am 28. April 1738 veröffentlicht.

In eminenti apostolatus specula

Der Ton dieser Bulle ist aggressiv und richtet sich gegen die bereits – besonders in Frankreich – entstandenen Logen, deren Anwachsen und Verbreitung aus Sicht des Papstes eine Gefahr darstellte. Die Entwicklung dieser vermeintlichen „Geheimbünde" müsse unterbunden werden, um die katholische Welt vor den damit verbundenen Risiken oder gar ihrer Zerstörung zu bewahren.
Clemens XII. mahnte an, dass es ein Verbrechen wider die Natur sei, wenn sich diese vermeintlichen „Sekten" verbreiten würden, schließlich hielten sie sich vor der Öffentlichkeit versteckt und wenn sie keinem weh täten, würden sie nicht so das Licht hassen. Dieses sei auch der Grund, warum diese Gesellschaften in mehreren Staaten längst verboten und verbannt worden seien. Nach internen Beratungen und aufgrund seiner apostolischen Macht habe er beschlossen, diese Gesellschaften zu verurteilen und zu verbieten.

In diesem Schreiben wurden vor allem fünf Punkte aufgezählt, die dieses Verbot begründeten:

1. *Der Anstoß an der religiösen Toleranz der Freimaurerei, der die Aufnahme von „Menschen aller Religionen und Sekten" erlaubte;*
2. *Das unverbrüchliche Stillschweigen;*
3. *Dass diese geheime Gesellschaft die Ruhe des Gemeinwesens störe;*
4. *Dass die Freimaurerei der Häresie verdächtigt sei und*
5. *„aus anderen der Kirche bekannten, gerechten Ursachen"*
   Quelle: http://de.wikipedia.org/wiki/In_eminenti_apostolatus_specula

Der Punkt 5 ist insofern entlarvend, weil die „anderen, der Kirche bekannten, gerechten Ursachen" nie genau definiert wurden. So hat man sich eine „Allroundwaffe" geschaffen, weil damit jederzeit Gründe zur Begründung einer Ablehnung oder Verdammung reichlich zur Verfügung standen. Die kurzfristige Konsensaufkündigung der „Lichtenauer Erklärung" durch den damaligen Kardinal Josef Ratzinger und späteren Papst Benedikt XVI. erscheint wie die praktische Anwendung aus „
In eminenti apostolatus specula"

Tatsächlich hatten die Päpste, die Kirche und die mit ihr verbundende Obrigkeit in der Geschichte, offenbar Angst um den Erhalt ihrer Macht.
Die weltlichen Führer waren häufig, in Personalunion, gleichzeitig Bischöfe, Kardinäle, Regierungsoberhaupt und Politiker.
Herrscher, König oder Kaiser war man nur „von Gottes Gnaden".

Es leuchtet ein, dass Menschen, die sich die Freiheit des Einzelnen, die Gleichheit aller Menschen und die Brüderlichkeit ungeachtet des Standes der Menschen auf ihre Fahnen geschrieben hatten, mit ihrem Gedankengut für das kirchlich-weltliche Establishment aufrührerisch waren.
Derartige Ideen „unter das Volk gebracht" könnten, so befürchteten die geistlich-weltlichen Führer, zu Recht, zu einem Ende der allumfassenden Einflüsse der Kirchen führen.

Die Aufklärung hat diese Sorge – praktisch – bestätigt!

Allerdings wird, bis in die Neuzeit, von traditionellen Katholiken –
immer noch – Freimaurern die Zerstörung der Kirche als Ziel
unterstellt, was man z. T. auf perfide Art und Weise, ohne jegliche
Belege, zu beweisen versucht:

Es gibt verschiedene, aus katholischen Quellen stammende,
Schriftstücke, Bücher, mit denen eine angebliche Gegnerschaft
„der Freimaurer im Allgemeinen" gegen die katholische Kirche
begründet wird.

Eines dieser Werke ist die
„Die Ständige Anweisung der Alta Vendita:
Ein freimaurerischer Plan für den Umsturz in der katholischen
Kirche"

Quelle: eigene Bibliothek

Es handelt sich dabei um eine angebliche Anweisung aus dem 19.
Jahrhundert, der damals „höchsten Loge" der in Italien
beheimateten CARBONARI.

Die Carbonari waren zu dieser Zeit der bedeutendste und echte Geheimbund der verschiedenen italienischen Staaten, deren Ziel die Vereinigung Italiens war. In ihren Strukturen ähnelten die Carbonari der Organisationsform der Freimaurerei, hatten aber eine völlig andere Zielsetzung als die Freimaurer und waren diesen in keiner Weise verbunden. Haben Freimaurer die individuelle Persönlichkeitsentwicklung ihrer Mitglieder zum Ziel, die die Beachtung und Respektierung der jeweiligen staatlichen Gesetze voraussetzt, verfolgten die Carbonari nach eigenen Aussagen genau das Gegenteil:
Eines ihrer Erkennungszeichen war die Abkürzung „**INRI**" vom Kreuz Jesu.
Dies sollte vor allem die, im damaligen Gebiet Italiens, omnipotente und allgegenwärtige Macht der Kirche über die wahren Absichten täuschen.
Carbonari interpretierten INRI :

Iustum necare reges Italiae   = *Es ist gerecht Italiens Könige zu töten.*

Man schätzt, dass um 1820 mehr als 600.000 Menschen, den Carbonari angehört haben sollen. Dass darunter auch Freimaurer waren, ist unbestritten Die Carbonari als freimaurerische Vereinigung zu bezeichnen, entspricht jedoch nicht den Tatsachen, weil es weder offen, noch verdeckt, eine Zu- Unter- oder Überordnung gegeben hat.

Die Quellen der „Alta Vendita" bleiben unklar und der als Verfasser dieses Buches genannte John Vennari ist kein Freimaurer, sondern der Herausgeber der „Catholic Family News", Monatsmagazin, aus Niagarafalls, USA, das der traditionell ausgerichteten Piusbruderschaft geistig nahesteht.

Ein weiteres, von der Römisch Katholischen Kirche offiziell anerkanntes, mit kirchlichem Imprimatur versehene, Buch „An die Priester die vielgeliebten Söhne der Muttergottes", Taschenbuch 1994, genannt - „Das blaue Buch" - stammt von Steffano Gobbi, dem Gründer der „Marianischen Priesterbewegung.

Quelle : eigene Bibliothek

Er beschreibt auf den Seiten 896 bis 908 die „kirchliche Freimaurerei" deren negative Einwirkungen seine Kirche zersetzen sollen:.....*Das schwarze Tier, das einem Panther gleicht, gibt die Freimaurerei an; das Tier mit den zwei Hörnern, das einem Lamm gleicht, zeigt die in das Innere der Kirche eingedrungene Freimaurerei an, das ist die kirchliche Freimaurerei, die sich vor allem unter den Mitgliedern der Hierarchie ausgebreitet hat. Diese freimaurerische Unterwanderung im Inneren der Kirche ist euch schon in Fatima von mir vorausgesagt worden, als ich euch angekündigt habe, dass Satan sich bis in die Spitze der Kirche einschleichen würde.*

Wenn es Aufgabe der Freimaurerei ist, die Seelen ins Verderben zu bringen, indem sie diese zur Anbetung von Götzen bringt, so ist das Ziel der kirchlichen Freimaurerei hingegen, Christus und seine Kirche zu zerstören, indem sie ein neues Idol schafft, das heißt einen falschen Christus und eine falsche Kirche.

Die kirchliche Freimaurerei jedoch trachtet, sein göttliches Wort durch naturalistische und rationalistische Auslegungen zu verdunkeln, und beim Versuch, es verständnisvoller und annehmbarer zu machen, entleert sie es von seinem ganzen übernatürlichen Inhalt. ......usw.usw.

Diese angebliche Botschaft der Mutter Gottes zu den Freimaurern wird mit kirchlicher Zustimmung verbreitet.

In gleicher Weise, aber detaillierter und als Vorhaben der „Weltfreimaurerei" deklarierter Plan, wird von traditionell katholischen Kreisen ein Pamphlet einer obskuren Vereinigung:

MAGNIFICAT MEAL MOVEMENT INTERNATIONAL
P.O.BOX 353 TOOWOOMBA
AUSTRALIA 4350

verbreitet.

Wer im Internet den Suchbegriff: „Der freimaurerische Plan zur Zerstörung der katholischen Kirche" eingibt, findet eine Vielzahl von Seiten, die alle auf das gleiche Dokument Bezug nehmen: In 33 Punkten wird dieser angeblich systematische Plan erläutert und als Anweisung eines „Großmeisters der Freimaurer" an katholische Freimaurerbischöfe bezeichnet.

Als Verfasserin dieses Pamphlets wurde eine einzige Person, Debra Burslem, identifiziert.
Sie gründete die Magnificat Meal-Bewegung in den späten 1980er Jahren in Helidon, in der Nähe von Toowoomba, Südostqueensland, Australien.
Die Organisation wurde als „katholischer Ableger" gegründet, die katholische Kirche hat sich von dieser, als Sekte bezeichneten, Gruppe distanziert, aber den Inhalten dieser Erklärung nie widersprochen.

Die Position anderer Religionen zu Freimaurern:

Freimaurer und Islam

Anlässlich einer Tagung der islamischen Weltliga im April 1974
erklärte man im Schlussdokument die Freimaurerei als
unvereinbar mit dem Islam.
Der Grund für diese Unvereinbarkeit scheint der gleiche, wie bei
der RKK zu sein – man hält Freimaurerei für einen Konkurrenten,
der als Gegenstück zur eigenen Religion aufgefasst wird.

In der islamischen Welt gibt es ein beachtetes Werk eines Mannes
der unter dem Pseudonym Harun Yahya ein Werk mit dem Titel:
„Das globale Freimaurertum" geschrieben hat.

Quelle: eigene Bibliothek

Der Autor lehnt die Evolutionstheorie als Lüge ab, und bekämpft
die in seinen Augen bestehende Weltverschwörung von
Kommunismus und des Zionismus. Er ist selbst in der
moslemischen Welt nicht unumstritten und dürfte eher in die
Kategorie der Verschwörungstheoretiker einzustufen sein.
Vielleicht ist das der Grund, weshalb manche seiner Vorurteile von
Seiten des Islam gegen Freimaurer vorgebracht werden.

Die Haltung des (deutschen) Staates im 20. Jh. zur FM

Anfang des 20. Jahrhunderts genoss die Freimaurerei in
Deutschland einen hohen Ruf. Zahlreiche, wichtige
Persönlichkeiten des öffentlichen Lebens waren Mitglieder des
Bundes, die Zahl der Logen in Deutschland wuchs.
Leider war das auch eine Zeit des aufkommenden Nationalismus,
der insbesondere nach dem 1. Weltkrieg Verursacher und
Schuldige für den verlorenen Krieg suchten und diese bei
Freimaurer und Juden fanden.
General Erich Ludendorf erklärte dies als „Wirken überstattlicher
Mächte", zu denen er die katholische Kirche genau so zählte, wie
die Freimaurerei, die Juden und die kommunistische Partei.
Die Freimaurerei, die er insbesondere mit den Juden verbündet
sah, griff er in seinem Buch „Vernichtung der Freimaurerei durch
Enthüllung ihrer Geheimnisse " massiv an.
Als der Nationalsozialismus an die Macht kam, wurden die Logen
in Deutschland verboten.

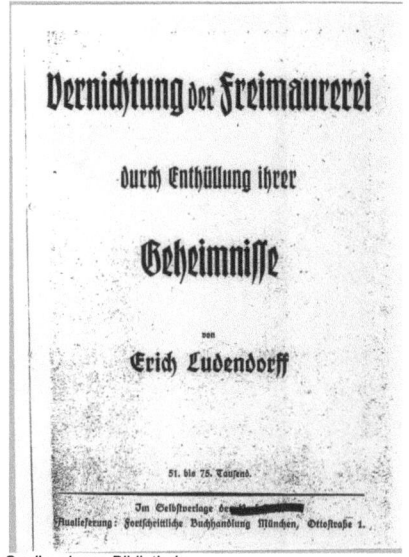

Quelle: eigene Bibliothek

Die DDR und die Freimaurerei

Im Gegensatz zu vielen osteuropäischen Staaten wurde die Freimaurerei in der DDR nicht per Gesetz verboten.
Man sah jedoch auch keine Notwendigkeit, ein "Instrument des kosmopolitischen Großbürgertums" im neuen deutschen Staat wieder zuzulassen.

Zwar wurden die historischen Leistungen gewürdigt, doch ihr "fortschrittliches Potential" sei längst auf die revolutionäre Arbeiterklasse und ihre Partei übergegangen. Dass Freimaurerei nicht wieder zugelassen wurde, kam schließlich einem 40 Jahre währenden de facto Verbot gleich.
Historisch überholt und veraltet, pflege die Freimaurerei heute lediglich „Formen antiquierter Rituale".
Quelle: http://www.schlossbergmuseum.de/templates/archiv/freimaurer/harm-20Jh.htm

Das sind, im Übrigen, sehr „ähnlich klingende Argumente", die man in Diskussionen **mit** Freimaurern immer wieder hört.

- Die Rituale sind antiquiert,

- kein Mensch kennt die Rituale wirklich,

- die Rituale sprechen die Menschen kaum noch an,

- wir müssen uns mit „modernen Worten", die für modern denkende Menschen interessant sind, auf uns aufmerksam machen.

Die Bundesrepublik Deutschland sieht in der deutschen Freimaurerei –lediglich- einen Teil der diesem Staat angehörenden Gesellschaftsschicht und nimmt eine weitgehend neutrale Haltung zu den Logen ein.

Erklärungsversuch

Deutung dessen, was tatsächlich in der Loge passiert –

und warum!

Was ist Freimaurerei?

Ganze Bibliotheken sind zu füllen mit den Erklärungen zu dieser Frage.

Ob es nun ein symbolisches System ist oder nicht, ob Freimaurerei stattdessen ein Verhaltensmuster für eine menschliche Gesellschaft ist, darüber kann man trefflich streiten, vor allem, weil das Eine das Andere nicht zwangsläufig ausschließt.

Die Basis freimaurerischen Denkens ist das alle Menschen Verbindende.

Sowohl die Philosophien, als auch die Religionen dieser Welt betonen ihre Einmaligkeit, ihre Absolutheit und versuchen sich dadurch gegenüber anderen Richtungen abzugrenzen.

Dieses Polarisieren schafft Gegner.
Freimaurerei integriert, weil sie auf der persönlichen sittlichen Verantwortung des Einzelnen für das Ganze basiert.
Es bleibt jedem selbst überlassen, die Vorstellungen seiner >philosophischen< Überzeugung in seinem Leben zu verwirklichen oder die von ihm erkannte Religion als Richtschnur seines Lebens zu betrachten.

Freimaurerei fordert kein Bekenntnis, noch behindert sie ein Bekenntnis. Sie versucht durch Akzeptanz die Integration aller Erkenntnisse zu erreichen.

Freimaurer sind ein Initiationsbund, der versucht altes Wissen der Menschheit an Menschen, die dieses Wissen in ihrem Leben umsetzen wollen, weiter zu geben!

Dies geschieht durch die Arbeit mit Symbolen, die jeder Freimaurer für sich selbst definieren, interpretieren und danach zu leben versuchen sollte.

Was ist ein Symbol?

Im freimaurerischen Sprachgebrauch, aber auch im profanen Leben sprechen und hören wir immer wieder von Symbolen, einem Symbol oder symbolischen Handeln.
Fragt man „den Mann auf der Straße" was ein Symbol ist, kommen sehr unterschiedliche Erklärungen zu Tage.
Stellen wir also erst einmal fest, was im Allgemeinen als ein Symbol bezeichnet wird, woher der Ausdruck kommt und was Freimaurer darunter verstehen

Der Terminus **Symbol** (aus dem Griechischen: *etwas Zusammengefügtes*) oder auch **Sinnbild** wird im Allgemeinen für Bedeutungsträger (Zeichen, Wörter, Gegenstände, Vorgänge etc.) verwendet, die eine Vorstellung meinen (*von etwas, das nicht gegenwärtig sein muss*).

Welche Vorstellungen dann mit dem Wort „Symbol" konkret assoziiert werden soll, wird in den verschiedenen Anwendungsgebieten im Einzelnen speziell definiert. Der deutsche Ausdruck „Symbol" geht auf das griechische Wort Symbolon zurück, eine Ableitung von symballo – zusammenfügen.
Das Symbolon war ein Erkennungsmerkmal, mit dem zwei Parteien (Gastfreunde, Vertragspartner) sicherstellen wollten, dass sie einander, oder Vertreter der jeweils anderen Partei, sich wiedererkennen.

Dazu wurde ein Knochen oder ein Tongegenstand in zwei Teile zerbrochen, und jeder der beiden Partner erhielt ein Bruchstück. Bei einem erneuten Zusammentreffen konnte die Legitimität der Beteiligten überprüft werden, indem die Teile zusammengefügt wurden. Daraus entwickelten sich die Bedeutungen „Kennzeichen", „Beweis", „Vertrag", „Ausweis", „Passwort", „Code". In allgemeinen Lexika wird Symbol definiert als einen tieferen Sinn andeutendes Zeichen, Sinnbild, bildhaftes, anschauliches, wirkungsvolles Zeichen für einen Begriff oder Vorgang, oft ohne erkennbaren Zusammenhang mit diesem.

Die Freimaurerei verwendet zur Anleitung und Schulung rund 250 Symbole und symbolische Gehalte.

Im Internationalen Freimaurerlexikon Lennhoff/ Posner (1932, Sp. 1567) spricht man von „Lehrbildern". In Lenning's „Encyclopädie der Freimaurerei" (1822-28) heissen sie „Lehrzeichen". Vielfach sind es „Allegorien" (Gantner, 1983/84, 102). Sie stammen aus allen Jahrtausenden der Menschheitsgeschichte.

Die praktizierten Rituale dagegen lehnen sich im Wesentlichen an die Handwerkertraditionen des (späten) Mittelalters an.

Horst E. Miers definiert in seinem „Lexikon des Geheimwissens" (1970): „Ein Symbol ist der bildliche Ausdruck einer Idee oder eines Gedankens; ein Symbol ist ein festgehaltenes Gleichnis, während eine Parabel mehr ein gesprochenes Symbol ist. Symbole im rituellen Gebrauch (und in Meditationen) entführen den Geist über die Grenzen der endlichen, werdenden in das Reich der unendlichen, seienden Welt. Symbole erregen Ahnungen, sind Zeichen des Unsagbaren."

Der Freimaurer Gottlieb Imhof b eschreibt im einen Buch (I, 128) Symbol als „bildlich dargestellte Idee". *„Das Symbol ist also nicht Abbild eines konkreten Gegenstandes, sondern sinnfällige Darstellung eines abstrakten Gedankens oder eines seelischen*

Wertes oder Zustandes. Symbol ist aber nicht gleichbedeutend mit dem griechischen Wort ,Allegorie', denn dieses ist eine verstandesmäßige und künstliche Bildbezeichnung ohne innere zwingende Beziehung. …..Demgegenüber ist das Symbol der lebendige und gemeinschaftsgebundene Ausdruck für einen überindividuellen und immateriellen Wert." – später ersetzte er den Begriff immateriell durch „transzendent" und auch „transzendental".

Im „Buch des Meisters" (III, 23) mahnt er die „vernunftmäßigen" Modernisierer der Maurerei: *„Unsere ganze Unterweisung ist symbolisch; wenn uns aber die Symbole nichts lehren wenn sie, indem sie uns zwingen, den Sinn zu erfassen, uns nicht auf den Weg zu den tiefsten Mysterien der menschlichen Gedanken führen, dann wird unsere Haltung grotesk."*

Und weiter (III, 36-37): *„Es muss immer wieder darauf hingewiesen werden, dass Symbole bloße Hilfsmittel darstellen, die zur Vermittlung bestimmter Gedankenverbindungen dienen, und dass man sich nicht mit dem Symbol als Geheimzeichen begnügen darf. Als Mittel zum Zweck muss es seine Funktion ausüben und darf nicht zum Selbstzweck degradiert oder erhoben werden. – Unsere Rituale wiederum haben die Aufgabe, uns die Symbole näherzubringen."*

 In seinem Buch „Die Macht des Symbols" (1950, 11) beschreibt A. Horneffer das Wesen des Symbols wie folgt:
In die Lücke, die zwischen Diesseits und Jenseits klafft, tritt das Symbol." Das Symbol trägt den Charakter eines „Zeichens", eines Hinweises. „Es deutet hin, es macht aufmerksam auf ein Geschehen, das dem Menschen ungewohnt ist, ihn erstaunt, erregt, beunruhigt, wohl auch erschreckt, aber ihn zugleich auch erhebt und beglückt."
Franz Carl Endres, behauptet in „Die Symbole des Freimaurers":
„In der Freimaurerei ist alles symbolisch" (1977, 15).

Dieser Meinung schließe ich mich an.

Endres erläutert: *„Es ist stets die seelische Wirkung, die das Wesen eines Symbols ausmacht. Ohne seelische Wirkung in Hinsicht einer Steigerung der einfachen Wahrnehmung oder Feststellung zum Erlebnis gibt es kein Symbol.*
Es kann daher alles Symbol sein, aber es muss nicht Symbol sein".
Oder umgekehrt: „Der gleiche Gegenstand, die gleiche Handlung (kann) für den einen Symbol sein, für den anderen aber nicht"

Weil Freimaurerei a-dogmatisch ist, und es keine Festlegung für die Mitglieder des Bundes gibt, was man glauben oder nicht glauben soll, ist es sinnvoll, wenn jemand, der sich um Aufnahme in den Bund der Freimaurer bemüht, sich zumindest mit der Frage was ein Symbol sein kann, beschäftigt hat.

Er sollte für sich eine Antwort gefunden haben.

Menschen, denen Symbole, Symbolgehalte fremd und ohne Bezug sind, dürften sich mit und in der Freimaurerei schwer tun.

Was ist eine Initiation?

Der Begriff Initiation bezieht sich auf den lateinischen Stamm „ *initiare"* und beschreibt die Einweihung, die Aufnahme eines Menschen in eine Gemeinschaft. Es handelt sich dabei um eine rituelle Handlung, die dem Aufzunehmenden, der zu dem Zeitpunkt als „Neophyt" = vom griechischen Begriff „neophytos" bezeichnet wird, der „Neueingepflanzte" jemand, der als Neuling in einen kultischen Bund, z.B. den Bund der Freimaurer, aufgenommen wird. [32]

Dabei ist der Bund der Freimaurer nicht religiös-kultisch, wie der lateinische Wortstamm *„cultus deorum"* = Götterverehrung, vermuten lässt, sondern im Sinn einer spirituellen Praxis, die eine Reihe von ritualisierten Handlungen einschließt, zu betrachten.

Freimaurer sind ein Mysterienbund.

Der Gebrauch von Symbolen, die Bildung einer möglichst festen Gemeinschaft sind ein Charakteristikum für einen Mysterienbund, auch für die Freimaurer.

Es gab und gibt Tendenzen die Traditionen aus ältesten Zeiten als Beweis für die Zurückführung auf die frühesten Mysterienbünde der Perser, Ägypter oder gar der Babylonier anzusehen. Dafür gibt es allerdings keine Beweise, obwohl die symbolischen Handlungen auf die Praktizierung uralter Mysterien hinweisen und schließen lassen.

So wird der neu Aufzunehmende vor seiner eigentlichen Aufnahme in einen Raum geführt, den man als „Dunkle Kammer" bezeichnet. Dieser Raum ist wirklich dunkel und meist fensterlos. Dort befinden sich einige Gegenstände, die rein symbolische Bedeutung haben.

Warum, in eine „Dunkle Kammer"? [33]

Aus der „Kammer des stillen Nachdenkens" soll ein neuer Mensch hervorgehen. Dieser, in der Art einer „Wiedergeburt", gestaltete Aufenthalt, wird in der Freimaurerei mit dem Übergang von der Kammer des stillen Nachdenkens in die eigentliche Arbeitsstätte, dem „Tempel" symbolisiert.

Diese Auffassung geht zurück bis zu den ältesten Mysterienkulten. So wurde zum Beispiel der Suchende, der in den Mithraskult aufgenommen zu werden wünschte, neun Tagen in eine enge Höhle eingeschlossen.

Bei Wasser und Brot und in völliger Einsamkeit, war er seinen Meditationen überlassen. Die neun Tage entsprachen den neun Monaten, die der Embryo im Mutterleib verbringt, ehe er ins Leben geboren wird.

Auch die eleusinischen Suchenden wurden in eine Grube gelegt, damit sie symbolisch die Verwesung erleiden mussten.
Auf diese Weise sollte sich ihr wertvollster Teil, die Seele, entfalten.

Es wurde ein symbolischer Vergleich zum Samenkorn angestrebt, denn auch das Samenkorn wird in die dunkle Erde versenkt und wandelt sich zur Pflanze.
Den Kandidaten wurde dabei zugerufen:

"Der Samen in die Erde gesenkt, erhält in derselben das Leben".

Aber wenn der Keim verdorben ist, beschleunigt die Erde selbst noch seine Verwesung - er wird zu Staub!".

Im englischen wird die Dunkle Kammer lediglich als "Room" bezeichnet. Im französischen wird sie "Chambre des reflexions" genannt.

Die Reflektion, die in der dunklen Kammer angeregt wird, dient der Selbsterforschung des Suchenden, ob er diesen Schritt der Aufnahme wirklich gehen will.

Eine bereits erwähnte Bezeichnung für die Dunkle Kammer ist "die Kammer des stillen Nachdenkens".

Dieser Name deutet auf den Zweck der Kammer hin, als einem Ort der Meditation. Von der lauten Außenwelt losgelöst wird der Suchende hier zum Nachdenken gebracht.
Er soll sich in sich selbst vertiefen und hinabsteigen in die Tiefen der eigenen Seele.

Symbolisch gesprochen, soll der Suchende dabei bis in sein Innerstes hinabsteigen, wo ihn kein Strahl eines trügerischen Scheines profaner Erscheinungswelt erreicht.

Diese Meditation bezweckt, den Menschen auf sich selbst zurückzuführen. In der Einsamkeit der Dunklen Kammer soll der Neophyt alles, seinem innersten Wesen Fremde, von sich tun: Konventionelle und angelernte Ansichten. Er soll sich in seinem Herzen vorbereiten und seine Initiationsfähigkeit erweisen.

Wer sich ohne eine solche innere Bereitschaft in den Bund einführen lässt, dem wird sich Freimaurerei nicht erschließen.

Und was bedeutet das, kann das, für den Kandidaten bedeuten? :

Es ist eine Aufforderung sich von dem, was Ihm in seinem „alltäglichen Leben" wichtig und bedeutungsvoll erscheint, während des Aufenthaltes in der „dunklen Kammer" zu trennen und sich ausschließlich auf das, was er dort vorfindet und zu dem er geführt wird, einzulassen.

Die Bereitschaft und die Fähigkeit dazu bewirkt zweierlei: zum Einen wird das Materielle relativiert – alles was für Menschen materiellen Wert hat, ist vergänglich,

zum Anderen wird der Mensch auf sich selbst reduziert – HIER zählt der Mensch – und NUR der Mensch!

Es gibt Unterschiede in den Ausstattungen der dunklen Kammer, je nachdem, nach welchem Ritual die jeweilige Loge arbeitet.

Ohne konkret die Gegenstände zu benennen, sollen nachfolgend Bedeutung der Ausstattung der Kammer und das Ziel der notwendigen Meditation genannt werden:

Die spärliche Beleuchtung des Raumes erfolgt mit den Mitteln, die den alten Mysterienbünden zur Verfügung standen.

Die Beleuchtung ist als Symbol für das eigene Leben zu verstehen:

Zu schwach, um alles zu erkennen, aber ausreichend hell um das unmittelbare Umfeld wahrzunehmen.

Die Lichtquelle verändert sich permanent, wird schwächer, bis sie irgendwann erlischt und ist damit ein Hinweis darauf, dass diese „Erleuchtung" im Grunde ein „leerer Schein" ist und nur die Eitelkeit den Menschen glauben lässt, mit seinem Licht die Welt zu erkennen.

Und was bedeutet das, kann das, für den Aufzunehmenden bedeuten? :

Er soll begreifen, dass sein Leben einer Flamme gleicht:

Es erlischt genau so leicht, wie eine Flamme verlöscht.

Darum ist es wichtig, sein Leben so reinzuhalten, wie eine Flamme rein ist

Das klassische „Memento-mori-Symbol" erinnert an die Sterblichkeit eines Jeden. Auch der, der sich für groß und mächtig hält, wird einst in einem Grab vermodern. Vielleicht werden ein paar Knochen übrig bleiben – aber auch diese zerfallen schließlich zu Staub.

Und was bedeutet das, kann das, für den Neophyten bedeuten? :

Niemand weiß, wann seine Zeit gekommen ist, weshalb dieses eindringliche Symbol das anspricht und gleichzeitig empfiehlt, bis dahin nicht untätig zu sein
Das ist keine Ablehnung des Lebens, sondern weist den Aufzunehmenden darauf hin, was von einem Menschen materiell bleibt und dass es auf andere Werte als die materielle Potenz ankommt

Es sind ethische Werte, Ordnungsprinzipien, nach denen Freimaurer suchen, die jeder für sich erkennen muss, die aber trotzdem allgemeine Gültigkeit haben.

Zu erkennen an einem Symbol, das je nach der Kultur, aus der der Suchenden kommt, variabel ist.

Und was bedeutet das, kann das, für den Aufzunehmenden bedeuten? :

Wer sich als einen freien Menschen bezeichnet, sollte erkennen und anerkennen, dass er nicht frei von allen Bindungen und Bedingungen ist, sondern stets das für seinen Kulturkreis geltende Gesetz zu achten Willens und in der Lage sein muss. Ja, er muss darüber hinaus auch für die Verteidigung dieses Rechtes und die sich daraus ergebenden Verpflichtung zu kämpfen bereit sein.

Für die persönliche Bereitschaft und den Willen auf sich selbst zu achten, dafür zu kämpfen, steht ein weiteres Symbol. Damit verbunden ist die Hoffnung durch die eigenen Handlungen sowohl Schaden von sich fern zu halten, als auch den Weg in eine bessere Zukunft zu finden. Schließlich weist und verkündet dieses Symbol, dass der Mensch in einen neuen „geistigen Tag" eintritt.

Und was bedeutet das, kann das, für den Kandidaten bedeuten? :

Sicher wird jeder Mensch schon deshalb auf sich selbst achten, weil er für sich Schaden verhüten will.
In der Gemeinschaft einer Loge bedeutet diese Achtsamkeit, in besonderer Weise auf seine Mitbrüder und –schwestern zu achten, damit niemand durch eigene oder fremdes Verschulden in geistiger oder körperlicher Art zu Schaden kommt.
Nicht um in andere Leben einzugreifen, sondern die Wege auszuleuchten, die ALLE zu neuen geistigen Erkenntnissen führen.

Ein anderes Detail beschäftigt sich, vordergründig, mit der Frage der Ernährung, muss aber als ein Symbol des Lebens verstanden werden. Als Naturprodukt ist es ein Produkt unserer Kultur. Ein Symbol das doppeldeutig ist.

Und was bedeutet das, kann das, für den Aspiranten bedeuten? :

Wir sollen in Maßen genießen. Nehmen wir zu viel, kann es sein, dass uns übel wird. Horten wir, verdirbt es vielleicht.
Nahrung muss dosiert aufgenommen werden und ist nicht als Selbstverständlichkeit zu betrachten Seien wir uns immer bewusst, dass unsere Nahrung nicht nur dem materiellen, dem erarbeiteten, besteht, sondern die „geistige Nahrung" wesentlich für das Leben ist, sonst wäre es nur ein vegetieren. Es reicht nicht aus, seinem Körper Nahrung anzubieten, vielmehr lebt der Mensch auch von der Zuneigung durch Mitmenschen, Freude, Glaube, Liebe und Hoffnung.

Die Wirkung des folgenden Symbols macht uns Menschen Mut. Es gibt uns das Versprechen: Wir werden satt werden, wir können unser Verlangen nach Leben stillen und wir werden Erkenntnis finden, wenn wir sie nur wirklich suchen.

Und was bedeutet das, kann das, für den Neophyten bedeuten? :

Der Freimaurer wendet sich gegen eine rein materielle Lebensführung. Es ist wichtig, dass unsere materiellen Bedürfnisse sowie die unserer Mitmenschen gestillt werden. Freimaurer sind häufig materiell erfolgreich und gerade dann sollte das Bewusstsein, dass das materielle nur existenzsichernd, nicht aber lebenserfüllend sein kann, geschärft werden.

Was findet der Neophyt sonst noch in der dunklen Kammer? Eine lebenswichtige Substanz ohne die wir nicht existieren, die uns aber auch töten kann, ist ein wichtiges Symbol in diesem Raum.
Klug angewendet, kann man damit konservieren.
Schon in der Antike galt es als ein Mittel ritueller Reinigungen und war gleichzeitig wichtige Opfergabe sowie Mittel gegen Dämonen und böse Geister.

Und was bedeutet das, kann das, für den Kandidaten bedeuten? :

Auch die Dinge die lebenswichtig sind, können, falsch dosiert, zu anderen als den gewünschten positiven Ergebnissen führen. Deshalb sollten sich Freimaurer in besonderer Weise über die Konsequenzen ihrer Handlungen Gedanken machen.

Drei zusammen gehörende Elemente bilden einen besonderen Denkanstoß für den in der Kammer weilenden.

Und was bedeutet das, kann das, für den Aufzunehmenden bedeuten? :

Zum einen ist es ein Hinweis auf eine „überirdische Ordnungskraft", die möglicher Weise unser Leben beeinflussen kann und die wir deshalb als „Unwägbarkeit des Lebens" ins Kalkül ziehen sollten.

Das zweite dieser Elemente symbolisiert das Gegenteil der ersten Kraft und steht, symbolisch für die Wirkungsweise unseres Bewusstseins. Es erinnert uns daran das Bewusstsein so zu entwickeln, dass wir uns selbst keine Unwägbarkeiten schaffen sollten und wenn es solche gibt, die Kraft zu haben, sie zu bewältigen.

Das dritte Element wurde schon erwähnt. Es wirkt in Wechselwirkung mit den anderen Teilen auf den Menschen ein. Der Aspirant soll sich vergegenwärtigen, dass nur das ausgewogene Zusammenwirken von Körper, Geist und Seele, ihn zu einem vollwertigen Mitglied des Bundes und der Menschheit werden lässt

Der Mensch als "Mikrokosmos" ist ein Abbild und Sinnmittelpunkt des Makrokosmos, der gesamten Schöpfung. Er wird vermutlich nur dann harmonisch in der Welt leben, wenn er dies im Einklang mit den drei Faktoren, die das Leben ausmachen, lebt:

- *Wenn seine menschliche Seele*
- *sein menschlicher Geist*
- *und sein menschlicher Körper*
  seinen Bedürfnissen gerecht versorgt ist, er harmonisch lebt.

Ein eindeutiges Arbeitsgerät mit vielfacher symbolischer Deutungsmöglichketi befindet sich ebenfalls im Raum.

Solche Gerätschaften wurden schon im Altertum von den Menschen Feuerstein hergestellt. Es ist ein Symbol für die Erntezeit und damit ein Attribut von Fruchtbarkeits- und Erntegottheiten. Derartige oder ähnliche Geräte wurden im Orient als Waffe verwendet und sind gleichzeitig ein Symbol für den Tod. Die zutreffende Verdeutlichung einer abgelaufenen Zeit, nach der der Menschen Abschied nimmt, wenn er die Ernte seines Lebens erfährt.

Insofern ein weiterer Fingerzeig auf die Vergänglichkeit und

Wertigkeit des eigenen Lebens, nachdem das Ergebnis einer lebenslangen Arbeit „geerntet" wird

Und was bedeutet das, kann das, für den Suchenden bedeuten? :

Wer Freimaurer ist, sollte das Instrumentarium beherrschen, das seiner Sache nützlich ist. Er sollte so auf sich selbst bedacht sein, dass er dieses Instrumentarium immer sicher beherrscht und nicht missbraucht.
Sich am Ergebnis seiner Arbeit freuen, aber weder überheblich, noch zynisch denken und handeln.

Eng damit verbunden ist ein weiteres, und extrem mehrdeutiges Symbol in der dunklen Kammer, das zu Verwirrung und Fehlinterpretation führen kann.

Einerseits zeigt dieses Erntesymbol den Erfolg einer getanen Arbeit an und lässt den Menschen sich über die Früchte seiner Arbeit freuen. Gleichzeitig ist es aber auch ein Symbol dafür, das sich hinter dem Ergebnis der Arbeit nur scheinbar ein Erfolg zeigt, weil das Produkt nur einfachen, niedrigen Zwecken dienen kann.

Und was bedeutet das, kann das, für den künftigen Freimaurer bedeuten? :

Auch wenn manche glauben, dass man aus minderwertigen Produkten Edles schaffen kann, ist zu bedenken, dass der Preis dafür unter Umständen zu hoch ist und als Ergebnis lediglich materieller Erfolg vorliegt.

Die Erkenntnis zu diesem Symbol liegt für die meisten erst am Ende des Weges, den man in und mit der Freimaurerei zu gehen bereit und in der Lage ist.

Dem für die Aufnahme bereiten Menschen wird symbolisch vor Augen geführt, wie wenig all die Bemühungen u0m materielle Erfolge letzten Endes zählen.

Es muss etwas anderes sein, um dass, will er die Freimaurerei verstehen, er sich bemühen muss.

Und was bedeutet das, kann das, für den Aspiranten bedeuten? :

Wer sich ausschließlich auf den materiellen Erfolg konzentriert, kann erleben, dass am Ende des Erfolges kein wirklicher Erfolg steht.
Ein Freimaurer muss im Laufe seines Lebens erkennen und unterscheiden lernen, was ein erstrebenswertes Ziel ist und was nicht.
Wer nur den materiellen Erfolg anstrebt, kann erleben, dass ihn dieses Ergebnis letztlich nicht befriedigt.
Die wirklichen Werte liegen, neben allen Erfolgen, vor allem in der Vergrößerung der Erkenntnis um die Gesamtzusammenhänge der Welt.

Auf das vorausgegangene Symbol weist dieser Gegenstand der dunklen Kammer ebenfalls hin. Es ist der Quell und die Ursache für alles Leben. Gleichzeitig ist es für den Freimaurer ein Mittel nicht nur seinen Körper, sondern auch seinen Geist und seine Seele frei zu halten von Verunreinigungen, die man sich im Leben zuziehen kann.

Und was bedeutet das, kann das, für den Aufzunehmenden bedeuten? :

Alles, was ein Freimaurer tut sollte so beschaffen sein, dass es jederzeit geprüft werden kann, ob die Tätigkeit den Anforderungen, die er an sich selbst gestellt hat, gerecht geworden ist. Sein Handeln sollte stets sauber sein.

Über diesen ganzen Symbolen steht, gewisser Maßen als Auftrag, als Quintessenz der dunklen Kammer, der verborgene Auftrag, sich um den „Stein der Weisen" zu bemühen, der ihm Antwort auf all die Fragen gibt, die sich ihm in diesem rätselhaften Raum stellen.

Und was bedeutet das, kann das, für den Kandidaten bedeuten? :

Dieser „Auftrag" ist vieldeutig und es ist auch nicht unmittelbar einleuchtend, was mit dem „Stein der Weisen" gemeint ist.

Ursprünglich haben Alchemisten angeblich versucht aus unedlen Metallen Gold zu machen.
Das höchste Ziel der Freimaurerei ist es, aus einem zunächst noch unedlen, wenn auch guten, Menschen einen besseren zu formen. Diese Veränderung des Menschen findet aber nicht durch äußere, sondern nur durch innere Einwirkungen statt.

Der Weg, den jeder dazu – alleine - beschreiten muss, ist dort zu finden, wo alles zu finden ist, was den Menschen, seine Persönlichkeit ausmacht – in sich selbst!

Dieser Selbstfindungsprozess ist das Ziel der Arbeit als Freimaurer.

Die Aufforderung zusätzliche Fragen des Bundes an den Aufzunehmenden schriftlich zu beantworten, bringen den Kandidaten bewusst an seine Grenzen.

In der Symbolik der Kammer begreift der Suchende, wie schwerwiegend und fest sein Entschluss für die Aufnahme in den Bund sein muss.

Schon am Anfang des Weges wird er auf sein Ich zurück geführt und Ehrlichkeit sich selbst gegenüber erwartet.

Freimaurer und die Loge erwarten ausschließlich den Menschen!

Nicht den nur Reichen,

nicht den nur Klugen,

nicht den nur Erfolgreichen,

nicht den nur Hochgeehrten,

weshalb alle Prädikate alltäglichen Lebens vor den nächsten Schritten abgelegt werden und in der Kammer verbleiben.

Um dem ursprünglichen Gedanken einer „Wiedergeburt", der oben erläutert wurde, gerecht zu werden, müssten aufnahmewillige Suchende eigentlich nackt zur Loge geführt werden.

Es soll Logen geben, in denen das praktiziert wird. In den „abendländischen Logen" besteht die teilweise Entkleidung der Aufzunehmenden darin, dass man durch Veränderung der Kleidung klar zu machen versucht, dass die äußere Erscheinung für Freimaurer sekundär ist und nur die Vollendung des inneren Menschen wirklich zählt.

Weil Freimaurersein nichts Elitäres ist, berücksichtigt die Veränderung des Schuhwerkes die notwendige „Erdung" eines jeden Freimaurerkandidaten.

Eines der größten und umfassendsten aller freimaurerischen Symbole ist das Licht.

Freimaurer betrachten den noch nicht eingeweihten als einen „im Dunkeln wandelnden" Menschen.

Dies wird sinnfällig in der Dunklen Kammer, die der Ausgangspunkt für die Suche und Reise des Freimaurers zum Licht der Erkenntnis wird.

Der Aspirant verlässt die Dunkle Kammer mit einer Augenbinde und muss, auf ihm völlig fremde Menschen vertrauend, weiter im Dunkeln gehen.

Dunkelheit und Licht sind zwei gegensätzliche Prinzipien, die miteinander im Wettstreit stehen.

Die Dunkelheit symbolisiert Falschheit und Ignoranz.

Das Licht ist ein Symbol für Wahrheit und Wissen.

Das Licht > menschlicher < Erkenntnis ist nur ein kleines Flämmchen, das lediglich die aller nächste Umgebung ein wenig erhellt.
Dem Menschen, so scheint es, ist die Sehnsucht nach dem immateriellen Licht, nach Erkenntnis, gegeben.

Die Sehnsucht nach diesem Licht ist nicht die Sehnsucht nach unmittelbarer intellektueller Erleuchtung. Eine solche Sehnsucht wäre vergeblich, da der Intellekt des Menschen zu begrenzt ist für alle Erkenntnis.
Es ist die Sehnsucht nach Verbundenheit mit dem Leben, dem überirdischen Leben, nach der Heimat allen Lebens.
Es ist die Sehnsucht nach dem letzten Ziel, wenn die Trennung zwischen Ich und Welt aufgehoben ist.

Dieses Licht ist das immaterielle Licht, das große Symbol, das wichtigste Symbol der Freimaurer.

Der Alltag des Menschen ist nur von einem kleinen Schimmer erleuchtet. In freimaurerischem Sinn ist der Alltag der Menschen dunkel.
Nichteingeweihte leben, gewisser Maßen, in der Dunkelheit.

Darum muss jeder Suchende beim Zugang zu einem Mysterienbundes, eines Initiationsbundes, seit mehr als 4000 Jahren, in der Dunkelheit wandern.

Wie kommt jemand in die Loge?

Der Neophyt wird vor den Eingang geführt.
Er ist blind, weil er eine Binde vor seinen Augen trägt.

Für ihn ist die Welt, wie es sich schon in der Dunklen Kammer
zeigte, nach wie vor dunkel. Er sieht nichts und hat keinerlei
Kenntnis über das, was er zu erwarten hat, aber auch nicht was er
wirklich zu erreichen sucht.

Er trägt außerdem ein Tau, einen Strick, um den Hals, an dem er
zur Loge geführt wird. Dieser Teil des Rituals einer Aufnahme ist
uralt und wurde schon in frühesten Mysterienbünden praktiziert.

Der Aufzunehmende wird als „noch gebunden und gefesselt"
betrachtet. Gefesselt von den unterschiedlichsten Vorurteilen und
gebunden durch dogmatische Verpflichtungen, die er erkennen
und überwinden muss.
Das Tau ist das Symbol für eine Entfesselung, die Befreiung von
inneren und äußeren Zwängen und dem Erkennen seines Platzes
in der Welt
Schließlich versucht er in die Loge Einlass zu finden. Weil er die
richtige Methode, den Zugangs-Code, nicht kennt, klopft er auf
gewöhnliche Weise an die Tür.

Drei Mal schlägt er an die Pforte, weil ihm es so gesagt wird, mit

Drei starken Schlägen!

Der erste Schlag das Symbol dafür

in sich selbst zu suchen

Der nächste fordert:

Selbst aktiv zu werden! Die Loge sucht nicht, man muss

selbst aktiv werden

schließlich erklärt der letzte Schlag:

nur wer sucht um aufgenommen zu werden, kann

aufgenommen werden.

Der Neophyt schweigt, während die Entscheidung, ob er eingelassen wird, geklärt wird.

Er spricht nur, wenn er gefragt wird und seine Antworten lauten nur **JA** oder **NEIN**.

Sein Schweigen reduziert ihn im Verbund mit der ihn umgebenden Dunkelheit bewusst auf sich selbst

Wenn er schließlich herein geführt wird, kann er das nicht mit hoch erhobenem Haupt tun. Der Eintritt erfolgt in gebeugter Haltung, weil ein Symbol der Kraft und der Macht es so fordert.

Diese Kraft und Macht ist in der Lage Gutes von Schlechtem zu trennen – sie ist das Symbol für Gerechtigkeit.

Wer seinen Kopf vor der Kraft und der Macht beugt, zeigt damit an, dass die Achtung der Gesetze für ihn oberste Priorität hat.

Damit ist Achtung verbunden, keine blinde Unterwerfung!

Der erste Schritt nach dem Eintreten in die Loge führt den Neophyten zu einer besonderen Position, auf das nächste Symbol. Es ist ein Erkennungszeichen nahezu aller Humanistenbünde und reicht bis zu den Ägyptern zurück.

Es ist ein Symbol der Erde und weist auf die künftig von ihm in besonderer Weise zu beachtenden Gewissenhaftigkeit seines Denkens und der Redlichkeit seines Handelns hin.

Dieses Symbol prüft die Qualität des eigenen Handelns, das ohne Eigennutz, ohne äußeren Zwang stattfinden muss, das des rechtschaffenden Wirkens.

Es bedeutet, sich nach Recht und Ordnung so zu verhalten, um sich als Baustein in das Gesamtwerk einfügen zu können.
Es bedeutet auch Fairness, Balance und Festigkeit, damit jeder auf die menschliche Stabilität des neu Aufzunehmenden bauen kann.

Der Suchende wird mit dem EINTRITT in die Loge von Anfang an auf ein entsprechendes Leben eingestellt

Dem/der Aufzunehmenden wird unmittelbar danach einer konkreten Gefahr ausgesetzt und man fragt ihn, ob er Angst verspüre.

Warum sollte er Angst verspüren?

Weil die Missachtung dieser konkreten Angst durch Verletzung der Geheimisse zur eigenen und Verletzung der Brüder und Schwestern führt, die den eigenen >symbolischen< Tod bewirkt

Diese Angst kann nur durch Vertrauen in sich selbst und auf die ihm inne liegenden Kräfte überwunden werden

Der Meister vom Stuhl befragt die Anwesenden nach dem Grund des Erscheinens der noch fremden Person, des Suchenden.

Anschließend prüft er den Suchenden auf dessen Bereitschaft alles nachfolgend kommende sowohl über sich ergehen zu lassen, als auch aktiv mitzuarbeiten.

*Lautet die Antwort **NEIN**, kann der Kandidat ohne Begründungen die Loge verlassen.*

*Nach seinem **JA** erfolgt die Aufnahmehandlung entsprechend dem vorgegebenen Ritual.*

Obwohl der Suchende seine Bereitschaft alles über sich ergehen zu lassen, schickt ihn der Meister vom Stuhl erst einmal weg.

Es steht ihm eine dreiteilige –symbolische- Reise bevor, die er in unpassender Kleidung und ohne das richtige Schuhwerk antreten muss.

In den alten Initiations- und Mysterienbünden war es üblich, den Kandidaten zu seiner Läuterung auf eine Reise oder Wanderschaft zu schicken, die er meist unter erheblichen Erschwernissen, Gefahren und Bedrohungen durchführen musste, damit er nach dem Überwinden von inneren und äußeren Gefahren in eine neue, reinere (Geistes)welt eintreten konnte.

Die rituellen Wanderungen können heute nur noch symbolisch verstanden werden und es ist festzuhalten, dass der „Reisende" am Beginn dieser Wanderungen hilflos ist, weil er nicht weiß, wohin es geht.

Unzureichende Bekleidung und „fehlender Durchblick" erschweren den Start und die Reisen.

Der Neophyt muss sich völlig Unbekanntem und Unbekannten auf fremden Wegen anvertrauen.
Vertrauen, ohne Wissen und ohne Vorbehalt ist von ihm gefordert!

So wie sich der Neophyt anvertraut, muss man sich einem Freimaurer anvertrauen können.

Der Neuaufzunehmende wird, weil er es nicht erkennen kann, vor Gefahren gewarnt und geschützt.

Damit wird bewusst gemacht, dass wir ohne Hilfe,

nur <u>selbst</u> für einen klaren Blick sorgen können, der <u>uns</u> selbst und andere vor Gefahren schützt!

Die Reisen des künftigen Freimaurers führen ihn in alle Himmelsrichtungen.

Schließlich steht er dort, wo das Prinzip der Macht und der Ordnung zu Hause ist.

Er erfährt, dass auch ein freier Mensch, unbegreiflichen Mächten Respekt zollen und Ehre zu erweisen hat.

Vor wem soll sich ein freier Mensch beugen?

Etwas Unbekanntem?

Die Grenzen der persönlichen Freiheit werden aufgezeigt um zu erkennen:

Ohne Achtung vor dem Gesetz, kann keine Gemeinschaft auf Dauer bestehen!

Dabei wird klar, dass die eigene innere Haltung zählt, und wie man die Anderen zu achten bereit ist!

Der Reisende macht auf seiner Reise, nicht nur symbolisch, die Erfahrung eines Schmerzes, der wie Feuer brennen kann.

Es ist zwar nur die Andeutung eines Schmerzes, aber er lehrt uns:

Freue Dich über Dein Leben, aber verzage nicht, wenn es einmal schlecht läuft!

Dazu gehört oft mehr Kraft, als zur Verfügung steht.

Wer das gelernt hat, kann sich auf solche Momente besser einstellen und lässt sich nicht davon überwältigen.

Dieser Abschnitt der Reise führt den „Reisenden" dahin, sich seines Willens und seiner Stärke bewusst zu werden.

Die Arbeit, die ihn hier erwartet, lautet: Beherrsche dich selbst.

Nur starker Wille garantiert freie Entscheidungen und ermöglicht die Durchführung von Plänen.

Die Erfüllung aller Wünsche, welche der Geist, die Weisheit billigt, benötigt die Stärke zur Durchführung

So wie die körperliche Muskelkraft und die geistige Vorstellungskraft durch gezielte Übungen geschult werden können, kann die Willenskraft durch bewusste Übung verstärkt werden.

Aber auch:
Die negativen Eigenschaften des inneren Feuers, wie der Zorn, die Ungeduld, ungestüme Heftigkeit, werden durch die Stärke bezwungen.

Danach kann das Licht der Stärke innerlich leuchten.

Gleichzeitig erlebt der „Wanderer" die Geborgenheit von Freundschaft, die sich schützend um ihn legt.

Wir begegnen täglich zahlreichen, sichtbaren und unsichtbaren Bedrohungen, denen wir alleine unter Umständen schutzlos ausgeliefert sind.

Er macht aber auch die Erfahrung: Ehrliche Freunde bieten Schutz und Geborgenheit!

Auch wenn wir auf Hilfe hoffen, Jeder hat, vor allem selbst, für Schutz und Geborgenheit zu sorgen.

Die Reise führt weiter an den Ort, aus dem die Erkenntnis, das Licht kommt.

Hier wird darauf hingewiesen, dass das Leben häufig von Gesetzmäßigkeiten beeinflusst wird, die man selbst nicht steuern kann.

Die Aufforderung lautet, die innere Kraft zu erringen, um Dinge hinzunehmen, die nicht beeinflussbar sind.

Der Reisende setzt seine Reise durch die Himmelsrichtungen und Elemente fort und erfährt, was für ihn weiter notwendig ist:

Er erfährt, dass er nicht nur seinen Körper, sondern sein Innerstes reinigen soll.
Dies ist notwendig, weil man ihn nicht nach seinem Äußeren, sondern nach seiner „inneren Reinheit" beurteilen wird, wenn es so weit ist.

Dieser Abschnitt der Reise definiert diese innere Schönheit als harmonische Verbindung, als Austausch, als Rhythmus mit und zur Welt.

Er erklärt den Wechsel von empfangen und geben.

Das richtige Geben oder Nehmen zur rechten Zeit, muß erlernt werden.

Die Frage, wie ein Mensch Zugang zur Freimaurerei erfährt, wird dem Neophyten beim nächsten Stopp seiner Reise nahe gebracht.

Es ist die Aufforderung sich angesichts der Macht, der Ordnungsprinzipien und der Erkenntnis, die Einsicht in die eigene Begrenztheit und Hinfälligkeit klar zu machen.
Er lernt die Hinweise, die vor der Überschätzung der individuellen Möglichkeiten warnen, zu beachten.

An diesem Punkt wird er eindringlich aufgefordert, sein Wissen um das eigene Nichtwissen zu begreifen, damit er nach Erkenntnis strebt und dadurch seinen Charakter veredelt.

Der Mensch soll sich als das erkennen, was er ist:

Eine den Körper bewohnende und diesen gebrauchende, unsterbliche, geistige Kraft.

An diese Erkenntnis schließt sich die Frage- und Aufgabenstellung des folgenden Punktes der symbolischen Reise nahtlos an, nämlich:

Was bleibt am Ende von uns erhalten?

Macht Besitz unfrei, weil wir fürchten, ihn zu verlieren?

Verlieren wir die Freiheit in dem Moment, wo wir fürchten, sie nicht halten zu können?

Sind wir in der Lage unsere „Metalle", also das, was uns materiell lieb und wert ist, zu Gunsten einer ideell ausgerichteten Geisteshaltung abzulegen, auf zu geben?

Das Erkennen dessen, was von uns übrig bleibt, muss unser Handeln bestimmen, nicht das, was wir an materiellen Gütern erwerben können.

Als Bindeglied zwischen Körper und Geist gilt der Atem und der ist auf der letzten Station der Reise Gegenstand der Lernerfahrung. Der Rhythmus des eigenen Atems korreliert mit dem der Mitmenschen, und in besonderer Weise mit dem der Loge.

Sein Rhythmus und seine Frequenz stimmen den Geist ein und verändert so Bewusstsein.
Er hat eine zentrale Bedeutung im Leben und auf jeglichem (spirituellen) Wachstumsweg.

Angestrebtes Ziel ist die symbolische Vertiefung und Verlangsamung des Atems.

Dadurch entsteht eine Atmung, die bessere Gesundheit und Vitalität sowie größere Ruhe in täglichen Lebenssituationen fördert.

Die Atemfrequenz steht in direkter Relation zu Emotionen und Gedankenaktivität.
Schnelles, unrhythmisches und flaches Atmen nährt Ängste, Ärger, Sorgen und andere schwächende negative Emotionen.

Langsames, rhythmisches und tiefes Atmen ist verbunden mit Entspannung, Freundschaft, Wohlbefinden und anderen stärkenden positiven Gefühlen.

Im übertragenen Sinn ist es der Hinweis an den Neophyten, die Verbindung von Körper und Geist langsam, stetig und konzentriert herzustellen.

Der Versuch Körper und Geist mit Hast und Eile in Einklang zu bringen, funktioniert nicht.
Mit der notwendigen Ruhe und Gelassenheit kommt der nach Erkenntnis suchende wirkungsvoller an das Ziel seiner Vorstellung.

Jetzt steht der Wanderer, der Reisende auf seinem Weg zu seiner Aufnahme an dem Punkt, der ihm die letzte Möglichkeit zur Umkehr bietet.

Mit Überschreitung dieser Marke beginnt der eigentliche Weg in die Loge.

Dem Suchenden, Neophyten, Reisenden wird dies in aller Deutlichkeit klar gemacht

Seine Entscheidung fällt nicht unmittelbar nach der Fragestellung, sondern erst dann, wenn er die Zeit, um seinen endgültigen Entschluss fassen will, ausreichend genutzt hat.

Die symbolischen Reisen dienten der Läuterung, der Bewusstwerdung und der Prüfung des endgültigen Entschlusses.
Jetzt ist die Entscheidung zu fällen, die den Menschen für den Rest seines Lebens binden wird.
Daraus ergeben sich –sofort - Konsequenzen, die nur er alleine bewältigen kann und muss!

Die ihm zur Begrüßung, nach dem jetzt unumkehrbaren Schrittes in die Loge, gebotene Erfrischung erweist sich als eine unangenehme Realität.

Es ist ein Symbol für den Kampf und das Leiden derer, die diesen Weg bereits gegangen sind und für das ihn erwartende Leid.

Wer Sehnsucht nach einem unerreichbaren Wert mit übermächtigem Begehren erreichen will, wird leiden, aber nicht daran zugrunde gehen.

Durch diese am Anfang des persönlichen Weges gemachte Erfahrung, soll sich der künftige Freimaurer der Anforderungen, die ihn erwarten, jetzt und in Zukunft bewusst sein.

Erst jetzt darf sich der Neophyt nach Aufforderung in ritueller Weise dem Ausgangspunkt seiner Reise wieder nähern.

Er erfährt eine Anleitung und Einweisung, wie das zu erfolgen hat.
Um das Ziel der Erkenntnis zu erreichen, muss der Mensch

- die Richtung kennen,
- diese mit Fleiß und Ausdauer
- sowie Konsequenz verbinden.

Schon der erste Schritt muss aus dem Herzen gewollt und gelenkt sein.
Die eingeschlagene Richtung sollte erkenntnisorientiert und in der Ausführung die Haltung des künftigen Freimaurers in allen Lebenslagen dokumentieren.

Der Neophyt hat nun den Ausgangs- und Mittelpunkt seiner Reisen wieder eingenommen und leistet jetzt den Eid, der ihn an die Gemeinschaft bindet und der ihn verpflichtet zu schweigen.

Der Eid beinhaltet die Verpflichtung zu

- **Gehorsam,**
- **Pflichterfüllung und**
- **Brüderlichkeit.**

Innerhalb der Loge lässt man dazu – symbolisch - eine zusätzliche Zone entstehen.
Durch diese, symbolisch neue Zone, wird bewirkt. dass der Eid des neuen Freimaurers nicht nur in der entsprechenden Loge, sondern in allen, von Menschen erfahrbaren, Himmelsrichtungen gilt.

Die Körperhaltung des neuen Freimaurers drückt seine künftige Lebenshaltung aus.

Das Ritual des Eides soll bewirken nicht nur Äußerlichkeiten anzustoßen, sondern das Innerste des Menschen berühren.

Der eigene Mittelpunkt wird Verbindung zu den Brüdern wie zu allen Menschen

Der geleistete Eid ist eine persönliche Bekräftigung der im Eid enthaltenen Aussagen und verpflichtet den Freimaurer zur Wahrheit und dem Tragen der Konsequenzen bei Unwahrheit.

Ein Gelöbnis des Aufzunehmenden ist eine dem Eid gleichstehende Beteuerung, die eingegangenen Pflichten treu zu erfüllen und bewirkt im Aufnahmeritual die metaphysische Anbindung an die Loge und den Bund der Freimaurer.

Rituell und wirklich wird dem Suchenden, jetzt feierlich die Aufnahme in den Bund der Freimaurer erklärt und vollzogen.

Bis hierhin erlebt der neue Freimaurer die Aufnahme in völliger – symbolischer - Blindheit, weil seine Augen durch eine Binde verschlossen sind.

Jetzt ist der Zeitpunkt gekommen, um den Sinn seiner Aufnahme näher zu erkunden.

Der Suchende kommt aus der Dunkelheit des Nichtwissens und sucht nach dem Licht der Erkenntnis.

Licht, als Symbol, spielt im Leben der Freimaurer die wichtigste Rolle

Es ist das immaterielle Licht, die Grundlage und der symbolische Mittelpunkt des Urwissens der Menschheit, losgelöst von allen Religionen, es ist das Licht des Geistes.

Wenn dem aufgenommenen neuen Freimaurer die Binde von seinen Augen entfernt wird, ist er zunächst von der ihn umgebenden Helligkeit geblendet.

Symbole der Bedrohung fallen als erstes in sein Auge, die aber gleichzeitig ein Hinweis auf die ihn erwartende Hilfe sind.

Das erste „Licht der Erkenntnis" ist das Bewusstsein der Verbundenheit mit den Mitgliedern der Loge.

Aus dem Suchenden wurde ein Lehrling der in die Gemeinschaft seiner Loge und in die Gemeinschaft des Bundes aufgenommen ist.

Man befreit ihn von dem Tau um den Hals, an dem man ihn in die Loge geführt hat, weil er mit dem Eintritt in die Loge beginnt, seine Gebundenheit und Fesselung an Vorurteile oder dogmatische Verpflichtungen zu erkennen und zu überwinden.

Das Tau, als das Symbol für die Befreiung von inneren und äußeren Zwängen und dem Erkennen seines Platzes in der Welt, ist überflüssig geworden.

Im Licht der Loge lernt er über die Bekanntgabe der Einrichtungsgegenstände der Loge und dem Erklären der Arbeitsgeräte, die er als Lehrling künftig verwenden muss, das EINE PRINZIP kennen, woraus das Paar von Gegensätzen hervorgeht, die Grundlage alles Bestehenden sind.

Der Lehrling hört das, was er als Lehrling wissen muss, als An- und Einweisung.

Seine freimaurerische Bekleidung und die Erläuterung seines Grades als Lehrling vollenden und beenden die erste seiner Schulungen.

Der junge Freimaurer steht jetzt in erstem freimaurerischen Licht an das er sich erst gewöhnen und dessen Erkenntnisse er selbst erst begreifen muss.

Dazu gehört, dass er mit den Lehrlingswerkzeugen zu arbeiten lernt. Die Anweisungen die er erhält, sind nur Hinweise darauf, wie er die Werkzeuge führen soll. Es liegt an ihm, wie erfolgreich er seine Arbeiten weiterführt.

Seine Arbeit ist eine nach INNEN GERICHTETE Arbeit, bei der er selbst, nur er selbst und ausschließlich, Gegenstand seiner Arbeit ist

Er arbeitet mit Gerätschaften, die Instrumente der Selbsterkenntnis sind.

Es ist SEIN Wille, den er gezielt und zielgerichtet einsetzen muss.

Ohne dass der Mensch an sich selbst erkennt, was er ändern, verbessern, ablegen muss, kann er nicht erfolgreich an sich arbeiten.

Er lernt sich selbst als das zu bearbeitende Werkstück kennen.

Es ist gutes Material, das zu bearbeiten ist – auch wenn zu diesem Zeitpunkt zahlreiche, verbesserungsfähige Punkte zu erkennen sind.

Jetzt kommt es darauf an dieses Werkstück so zu optimieren, dass der symbolische Bau der Freimaurerei um einen weiteren Stein so ergänzt wird, dass er selbst, die Loge und die Menschheit davon profitieren.

Obwohl ein Freimaurer immer „individuell" bleibt, ist unverkennbar, dass, wenn er seine persönlichen „Triebe" zu beherrschen gelernt hat, er Eigennutz, Egoismus oder auch Selbstsucht überwinden muss, will er als Teil einer Gemeinschaft mit Anderen, in gleicher Richtung denkenden Menschen, ausgerichtet und eingefügt werden.

Das Ziel ist es, sich zu einem sicheren Teil der Gemeinschaft, auf das die Loge und die Menschheit bauen können, zu entwickeln.

Unabhängig seiner künftigen Entwicklung als Mensch und Freimaurer, ist das die Grundlage, nicht nur ein Symbol, der Arbeit an und mit der Freimaurerei.

Nachdem der neue Lehrling alles, was er in diesem Grad wissen muss und braucht, erfahren hat, weist man ihm, den ihm gebührenden Platz zu.

Dem Lehrling fehlen noch wesentliche Er-Kenntnisse, weshalb der ihm zugewiesene Platz dies berücksichtigt.

Als Lehrling werden ihm das Verständnis und die Symbolik des Rituals nahegebracht. Dazu gehört, dass er die seinem Grad entsprechende Information erhält und sie durch konzentriertes Eigenstudium vertieft.

Freimaurer erhalten entsprechend ihres Grades Informationen, die sie mit ihrem Verständnis der Symbolik des Rituals bearbeiten.

Es gibt Grundprinzipien der Freimaurerei, die man als DAS WESENTLICHE bezeichnen und nach denen Freimaurer ihr Leben ausrichten sollten:

1. Ein Buch des Gesetzes, das von Menschen seines Kulturkreises als Wertmaßstab und als Rechtsgrundlage anerkannt ist. Es ist die Grundlage dessen, worauf sich das Ordnungsprinzip als Macht der man sich beugen, aber nicht unterwerfen sollte, beruft.

Nur wer das Prinzip kennt, kann es respektieren und achten, muss und darf sich aber keinesfalls blind unterwerfen!

2. Das Handeln des Freimaurers erfolgt nach dem Grundsatz, auf den er bei seiner Aufnahme eingestellt wurde.
Freimaurer ordnen ihre Handlungen, frei von Eigennutz innerhalb der erkannten Schranken, frei von bösem Willen und in vollem Bewusstsein ihrer Rechte und Pflichten ein.

Es bedeutet, sich nach Recht und Ordnung so zu verhalten, dass man sich als Baustein in das Gesamtwerk einfügen kann.

3. Dieses Prinzip beschreibt den Kreis, innerhalb dessen wir uns im Verhältnis zu andern Menschen, insbesondere zu unserer Loge, bewegen.
Die beiden Seiten des Prinzips zeichnen Gesetz und Recht vor, damit wir, weder zu viel noch zu wenig tun.

Unser Verhältnis zu Anderen, zur Welt, soll von
Gleichförmigkeit und Liebe gekennzeichnet sein

Diese WESENTLICHEN Hauptsätze der Prinzipien der
Freimaurerei werden durch weitere, nicht minder wichtige,
nachrangige Prinzipien ergänzt:

- Der Wille – des Freimaurers – der alles zum Leben
  erwecken, mit Kraft versehen oder befruchten kann.
- Die innere wahre Demut und Milde, des Freimaurers –
  die alle Aktivitäten mit Liebe begleiten sollen.
- Die Führung der Gemeinschaft durch ein Vorbild, das mit
  Weisheit und Vertrauen Regeln und Ordnung aufrecht
  erhält.

Nicht nur am Ort der Aufnahme, sondern überall in der Welt
ist die Loge, symbolisch.
Sie ist der Alles und Alle vereinende Mittelpunkt für
Freimaurer.

Eine Loge kann nur zu besonderen Anlässen, in besonderer
Kleidung und nach genauer Prüfung, betreten werden. Die
Erkennungszeichen bestimmen, ob er die Zulassung hat, gerade
diese Loge zu betreten. Eine Wache prüft, ob der eintretende
berechtigt ist und Zeichen, Wort und Erkennungsgriff beherrscht
werden.

Und was bedeutet das für den Freimaurer? :

Mit dem Eintreten in den Logenraum muss sich der Freimaurer
selbst fragen, ob er zu dem, was sein Erkennungszeichen
beinhaltet, nach wie vor bereit ist? Entsprechen seine Leistungen
dem, was ihm mit dem Wort als Entlohnung versprochen wird?
Kennt er seinen Platz in der Loge, in der Welt, der ihm zugewiesen
wurde?

Wer sich diese Fragen nicht stellt, oder nicht beantworten kann
oder will, sollte umkehren – für ihn ist die Loge kein Platz einer
Kontemplation.

Die Loge wird durch ein „Portal" betreten, das den Eingang
markiert. Dieses Portal ist nicht nur Eingangsmarkierung, sondern

beschreibt gleichzeitig die Stelle, an denen später die Lehrlinge oder Gesellen entlohnt werden.

Es sind Begrenzungen, wie sie bereits an historischer Stelle, am salomonischen Tempel vorhanden waren und finden, wie zu diesen Zeiten, entsprechende Verwendung.

Wer dieses Portal durchschreitet, kann dies nur in dem Bewusstsein, das spätestens nach diesem Durchgang ALLES, was sein normales, „profanes" Leben ausmacht, an diesem Portal außen vor bleibt, bleiben muss.

Und was bedeutet das für den Freimaurer? :

Persönliche, familiäre, berufliche oder finanzielle Sorgen werden abgestreift damit die Konzentration auf das, was in der Loge passiert, ungeteilt ist.

Mit dem Bekanntgeben der Erkennungszeichen und dem rituellen Eintreten in den Logenraum lässt man die „normale Welt" hinter sich und tritt in die Welt der Kontemplation ein.

Jede Bewegung, Handlung, jeder Schritt innerhalb der Loge ist jetzt symbolisch und beschreibt Inhalte, um die man sich bei der rituellen Arbeit bemüht.

Das selbst das Gehen innerhalb der Loge rituell erfolgt, entspricht der Vorstellung, dass es sich um einen nur für kontemplative Zwecke vorgesehenen Raum handelt, weshalb man auch von einem Tempel spricht.

Der Zeremonienmeister schreibt sowohl die zu gehenden Wege, als auch die Sitzplätze vor.

Und was bedeutet das für den Freimaurer? :

Auf der Suche nach dem „Licht der Erkenntnis" bewegen sich
Freimaurer in ihren Arbeitsstätten im „Sonnenlauf", d. h. „auf dem
rechten Weg". Diese Laufrichtung entspricht dem Auftrag sich
auch im „profanen", also im Alltagsleben, stets auf dem „auf dem
rechten Weg" zu bewegen. Wer diesem Weg folgt, hat
Gelegenheit über seinen persönlichen Weg nachzudenken.
Bin ich ausgewichen, habe ich mich abgewandt, habe ich versucht
zu umgehen oder bin ich dem Prinzip, dem ich Treue gelobte,
ungeachtet aller Schwierigkeiten gefolgt?

Beim Durchschreiten des Logenraumes wird daran erinnert, was
bei der Aufnahme bereits erklärt wurde, dass auch ein freier
Mensch unbegreiflichen Mächten Respekt zollt und Ehre zu
erweisen hat.

Die Grenzen der persönlichen Freiheit werden aufgezeigt um zu
erkennen, dass ohne Achtung vor dem Gesetz, keine
Gemeinschaft auf Dauer bestehen kann

Und was bedeutet das für den Freimaurer? :

Wen oder was respektiere ich?
Sehe ich mich ausschließlich als einen freien, ungebundenen,
niemand Rechenschaft schuldigen, Menschen, oder erkenne ich
die unbegreiflichen Mächte, die gelegentlich in mein Leben
eingreifen? Wie berücksichtige ich dies in meinem Leben,
respektiere ich diese Kräfte?

Die Sitzordnung in einer Loge berücksichtigt den Erkenntnisstand
des jeweiligen „Arbeiters".

Und was bedeutet das für den Freimaurer? :

Wie reagiere ich darauf, dass mir jemand meine Grenzen, meine
Bedeutung dadurch aufzeigt, dass er mir einen Platz zuweist?
Akzeptiere ich dies und sehe es als Aufgabe meine Fähigkeiten,

was immer sie sein mögen, zu verbessern?
Akzeptiere ich klaglos, dass mir ein Platz gewiesen wird?

Lehrlingen weist der Zeremonienmeister einen Platz dort an, wo das Licht der Erkenntnis kaum zu spüren ist.

Dem Lehrling muss klar sein, dass er erst am Anfang des Weges steht und im alltäglichen, wie in der Loge, so lange zu seiner Arbeit schweigen sollte, bis sein Erkenntnisstand und seine geistige Entwicklung ihn befähigt Wissen und Erkenntnisse auszutauschen.

Und was bedeutet das für den Freimaurer? :

Was tue ich, um meine Erkenntnisse zu verbessern?
Sehe ich mich als den „Perfekten, den Eingeweihten" der alle und jeden belehren kann, oder schweige ich um zu lernen?

Gesellen werden an anderer Stelle platziert, weil deren Entwicklung einen fruchtbaren Austausch von Erkenntnissen und Erfahrungen sinnvoll und notwendig macht. Deshalb markiert die Sitzposition der Gesellen größere Einsichten und höhere Erkenntnisstände.

Und was bedeutet das für den Freimaurer? :

Was habe ich unternommen, um mit und von anderen zu lernen?
War ich bereit Lehren von anderen anzunehmen?
Welche Informationen habe ich an andere, zur Verbesserung deren Erkenntnisse weitergegeben, oder habe ich aus Eigennutz Wissen und Fähigkeiten nicht weiter vermittelt?

Der Geselle wird in der Loge dem Lehrling bei seiner Arbeit helfend mit Rat und Tat zur Seite stehen. Gleichzeitig wendet sich ein Geselle an einen Meister um seine eigene Entwicklung zu fördern.

Der Geselle ist der nach außen agierende Freimaurer, der sich „in der Welt" umschaut um das, was er dort lernt, in seinem Leben zu berücksichtigen und in seinen Erkenntnisstand einzuarbeiten.

Meister sitzen dort, wo sie am nötigsten gebraucht werden – das können alle Himmelsrichtungen sein.

Und was bedeutet das für den Freimaurer? :

Waren meine Handlungen im Leben und in der Loge immer „meisterlich", also so, dass meine Arbeit überall präsentabel ist? Habe ich denen, die wenig Wissen und Kenntnisse haben, ehrlich geholfen? Konnte ich denen, die sich um ihr Fortkommen bemühen durch meine tätige Hilfe weiter helfen? Oder habe ich sie egoistisch ausgenutzt und den Vorteil für mich verbucht? War ich ein Vorbild?

Freimaurermeister sollten nicht nur in der Loge für Lehrlinge, Gesellen, sondern für alle Menschen Vorbilder sein.

Nicht im Sinn des plakativen „vor sich hertragen"
ICH BIN FREIMAURER, sondern durch ein Leben, dass die in der Freimaurerei erfahrenen Inhalte praktisch verinnerlicht, beachtet und ihn danach handeln lässt.

Keine vernünftige Arbeit wird ohne einen entsprechenden „Bauplan" durchgeführt.

Ein solcher Bauplan – der Grundlage einer Arbeit ist -, liegt bei jeder Arbeit auf und wird, als Teil des Rituals, enthüllt.

Dieser „Bauplan", der in der Loge Arbeitstafel oder -Teppich genannt wird, enthält dem Grad entsprechende Vorgaben.
Die dort aufgezeichneten Symbole finden sich in den Ritualtexten wieder und unterscheiden sich, je nach dem Grad, in der die Arbeit stattfindet.
Damit wird erreicht, dass sämtliche Logen gleiche Ziele erarbeiten, wissend, dass in der Ausführung durchaus Unterschiede vorliegen. können.

Es ist für Freimaurer wichtig zu wissen, woher dieser Bauplan kommt und was er beinhaltet.

Ursprünglich wurden Baupläne nur von berechtigten Menschen gelesen. Das waren die Baumeister und ihre Gehilfen, also Lehrlinge und Gesellen.

Um zu gewährleisten, dass Fremde keine Einsicht in die Baupläne bekamen, markierte man den Ort, an dem die Pläne ausgelegt wurden.

Dies erfolgte durch „abstecken" eines bestimmten Raumes und wurde schon sehr früh als Kulthandlung bei frühesten Völkern vorgenommen, die bestimmte Vorgänge und Handlungen vor Fremden oder Nichteingeweihten verbergen wollten.

Dies wurde in der Freimaurerei ursprünglich durch Kreidezeichnungen, die auf dem Boden angebracht wurden und nach dem Ende der Arbeit oder, wenn es nötig war vorher, wieder beseitigt.

Innerhalb dieser Begrenzungen wurden mit Kreide, entsprechend des zu bearbeitenden Grades, die jeweiligen Symbole, jedes Mal neu aufgezeichnet. Daraus entwickelten sich die heute in den Logen gebräuchlichen Arbeitstafeln, oder was häufiger der Fall ist, gewebte Arbeitsteppiche mit den entsprechenden Inhalten. Die Form dieser Arbeitsteppiche/Arbeitstafeln entspricht den Ausdehnungen des Wirkungsgrades der Freimaurerei, die sämtliche Himmelsrichtungen umfasst und dabei auch in der Höhe und der Tiefe keine Begrenzungen erfährt.

Und was bedeutet das für den Freimaurer? :

Durch dieses „markieren des Raumes" entsteht ein von der „normalen, profanen Welt" abgetrennter Raum, in dem andere Regeln gelten, als in der Alltagswelt. Dieser Raum besteht, um Menschen die Möglichkeit zu geben, in Ruhe und Loslösung von den alltäglichen Dingen, über die Gedanken, Handlungen und Werke nachzudenken, das eigene Leben zu reflektieren.

*Die Ergebnisse der hier vollbrachten Arbeit ergänzen die
Alltagswelt mit besonderen Sinninhalten.*

Die Umfassung der Arbeitstafel deutet drei Öffnungen an, von
denen aber nur eine geöffnet ist. Sie weist auf die einzige
Zugangsmöglichkeit hin, die vom Freimaurer dreierlei fordert:

Beachtung der Gesetze
Beherrschung der Gesetze
Erkennen und Einfügen in die Gesetze

Und was bedeutet das für den Freimaurer? :

*Es gibt nur eine Möglichkeit Zutritt zu erlangen – nämlich den oben
beschriebenen Weg.*
*Neugier, Ehrgeiz, Erwartungshaltungen jeder Art sind unnötig und
hinderlich zum Begreifen dieser Welt.*

Tritt man durch dieses Symbolische Tor, findet man eine Menge
Hinweise auf die Gegebenheiten der Welt und, vor allem, in den
Lehrmaterialien die Sinnbilder der sichtbaren Welt wieder.

Und was bedeutet das für den Freimaurer? :

*Die Symbole der Arbeitstafel, des Arbeitsteppich, sind kein
wertfreier Selbstzweck, wie eine Dekoration, sondern Hinweise zur
Lebensführung für die, die diese Arbeitstafel enthüllt haben und
die, die nach deren Anweisungen ihre „Arbeit durchführen".*

Die Arbeitstafel, der Arbeitsteppich zeigen den Wechsel von Licht
und Finsternis; Entstehen oder Vergehen; Freude und Schmerz;
Glück und Unglück; Leben und Tod an.

Und was bedeutet das für den Freimaurer? :

Habe ich erkannt und dafür gesorgt, dass mein Leben nicht unkalkulierbar ist?

Habe ich mich einem Schicksal, dessen Ziel ich nicht kenne, blind unterworfen?

Gestalte und führe ich meine Leben selbstverantwortlich?

Dem Freimaurer soll durch die Regelmäßigkeit der hellen und dunklen Elemente klar werden, dass sein Leben nicht einem planlosen oder willkürlichen Schicksal unterworfen ist, sondern dass die Welt eine ursächliche Verkettung von Gut und Böse - der ständigen Widersprüche - ist.

Ein Symbol der Dualität ergänzt das vorausgegangene Element und zeigt die zwei Seiten aller Dinge, die nach der hermetischen Lehre, wie oben, so unten, wo Licht da auch Dunkelheit, die Erde und das Weltall, darstellen.

Und was bedeutet das für den Freimaurer? :

Ist mir klargeworden, dass jede meiner Aktivitäten im Ergebnis zwei Seiten haben und habe ich dies bei und in meinen Handlungen berücksichtigt?

Kenne ich meinen Platz an dem ich meine Erfahrungen wie Lohn sammeln kann?

Diese dualen Symbole sind für den Freimaurer-Lehrling einerseits und den Freimaurer-Gesellen andererseits die Orte, an denen sie ihren symbolischen Lohn nach einer Arbeit empfangen.

Der Bauplan beinhaltet das Objekt der Arbeit in seinem ursprünglichen Zustand und zeigt den Endzustand, als Idealbild, als Vision und Ziel der durchzuführenden Arbeiten.
Dabei fehlt natürlich nicht das Instrument, das alles miteinander verbindet, festigt und vorhandene Unebenheiten ausgleicht.

Und was bedeutet das für den Freimaurer? :

*Ist mir meine Aufgabe, die ich als Freimaurer habe und an der ich
zu arbeiten versprochen habe, jeden Tag bewusst?*
Kenne ich mein Ziel?
*Was habe ich seit meiner letzten Arbeit getan, um diesem Ziel
nicht nur ideell näher zu kommen?*
*Habe ich dabei alles getan, um mit und für Andere dieses Ziel zu
erreichen?*

Dem Betrachter wird aufgezeigt, was das Ziel des Durchganges
von Licht und Finsternis, Entstehen und Vergehen, Freude und
Schmerz, Glück und Unglück, Leben und Tod ist.

Es ist das Erreichen höchster Erkenntnis durch die verschiedenen
Grade, Lehrling, Geselle und Meister, als stufenweise verlaufende
innere Entwicklung der Überwindung eigener Unvollkommenheit
im Laufe des eigenen (maurerischen) Lebens.

Oberhalb des Zielsymboles finden sich die Werkzeuge, die zum
Erreichen des Zieles notwendig sind.
Eines, welches den Willen, die Kraft und Energie als Symbol
darstellt.
Ein weiteres, durch das die zielgerichtete Anwendung von Kraft
und Energie erkennbar wird, weil nur dadurch etwas bewirkt wird.
Wer erkennen möchte, ob die Geradheit, die Wahrhaftigkeit des
Bauwerkes stimmt, bedient sich, symbolisch, des nächsten
aufgezeichneten Werkzeuges. Ein besonderes Symbol auf dem
Bauplan erinnert daran, dass unsere Zeit begrenzt ist.

Dass alle am gemeinsamen Werk gleichberechtigt sind, gleiche
Rechte haben und gleiche Würdigung erfahren, dokumentiert das
entsprechende Sinnbild, das sich ebenfalls dort findet.

Und was bedeutet das für den Freimaurer? :

*Der Freimaurer muss erkennen, was sein Ziel, warum er in der
Loge ist und was seine Arbeit bewirkt.*
Dazu muss er seine Kraft so gezielt einsetzen, dass die Wirkung

---

seiner Arbeit für sich und die anderen erkennbar wird.
Er muss sich selbst die Antwort geben, ob sein Arbeiten der
Gesamtheit gedient hat oder nicht.
Die Frage, ob er der Gemeinschaft der Loge oder der Menschen
gedient hat, muss er sich selbst stellen und er kann diese Frage
auch nur sich selbst in seinem Inneren beantworten.
Bei seiner Arbeit muss er auch auf die ihm zur Verfügung
stehende Zeit beachten. Dabei sollte klar werden, dass nicht er
selbst, sondern die Gemeinschaft Aller Vorrang hat.

Schließlich erkennt man auf der Arbeitstafel, dem Arbeitsteppich,
das Symbol, welches oft nach außen die Freimaurerei darstellt.

Das Symbol der Gewissenhaftigkeit, dass die Handlungen des
Freimaurers nach Recht, Gerechtigkeit und Menschlichkeit
ausrichtet, zeigt sich mit dem Symbol, das die Verbindung über die
Freimaurerei, über die Loge hinaus, die Liebe zu allen Menschen
repräsentiert, verbunden.

Eine der Kraftquellen einer Loge, die Erinnerung an diejenigen, die
vor uns bereits mit dieser großen Erkenntnisarbeit beschäftigt
waren und deren Andenken Freimaurer pflegen und respektieren,
finden sich ebenfalls auf diesem Bauplan wieder.

Und was bedeutet das für den Freimaurer?:

Der Auftrag zu der Arbeit in der Loge besteht darin, die
Idealvorstellungen, mit den unseren Handlungen in Einklang zu
bringen. So erklärt sich Freimaurerei.
Winkelmaß und Zirkel stehen dafür und werden als Symbol des
„geistigen Hintergrundes" dargestellt.

Wurde diesem Auftrag ausreichend nachgekommen?
Ist die Erinnerung an alle die, die uns vorausgegangen sind und
versucht haben, uns den Weg zu ebnen, mehr als nur eine
Erinnerung für uns?

Beantworten wir uns ehrlich die Frage, ob wir diesem Anspruch
gerecht werden?

Dass Freimaurer bei ihrer Arbeit nicht stehen bleiben, wird durch ein zusätzliches Meistersymbol dargestellt. Es zeigt, dass erst der Meister die Planung und das Entwerfen des (seines) Lebensplanes durchführt – es ist das Ziel für alle Grade.

Und was bedeutet das für den Freimaurer?

Der Meistermaurer ist der, der künftigen Anforderungen gerecht werden muss. Er ist derjenige, der Aufgaben erkennt, entsprechend plant und Aufträge erteilt.
Konnte er diese Anforderung erfüllen?

Lehrling beim Zeichnen einer Arbeitstafel im Lehrlingsgrad, die bei der ersten Arbeit im Maurerjahr von den neuen Lehrlingen für das ganze Maurerjahr im Lehrlingsunterricht, im sog. Lehrlingsvorhof, aufgezeichnet wird:

Privataufnahme Loge NTS i.O. Köln

Es gibt sehr unterschiedliche Arbeitsteppiche, -tafeln, die sich nach Obedienz und Grad unterscheiden.

Die Symbolinhalte sind aber im Wesentlichen bei allen Logen gleich oder ähnlich.

Ein deutscher Arbeitsteppich von 1770. Web-Site N.T.S. Köln

Arbeitsteppich des Eklektischen Bundes nach der Ritualreform 1873
(Frankfurter Teppich)

http://freimaurer-wiki.de/index.php/Teppich

Der Bauplan, die Arbeitstafel, der Arbeitsteppich wird von drei Symbolen umstanden, die Vorgehensweise, Ideal und Leitbild der Arbeit des Freimaurers darstellen.

Auf diesen Säulen oder Pfeilern basiert die erfolgreiche Arbeit einer Loge.
Das dem Meister von Stuhl am nächsten stehende Symbol, beinhaltet die Tugend, des Strebens nach dem größten Licht.
Diese Suche nach höchster Selbsterkenntnis, ist eine, ist die, Grundvoraussetzung für das Gelingen der Arbeit.

Die Erkenntnis des größten Lichtes reflektiert den Willen zur Tat, die sich im zweiten Sinnbild darstellt. Ohne diese Umsetzung nützt die größte Erkenntnistiefe nichts.
Erst dadurch führt die Arbeit zur Substanz, zum Ergebnis.

Wer schließlich das Licht der Erkenntnis mit dem beharrlichen Willen der Durchführung harmonisch verbinden kann, erkennt im Ergebnis der Arbeit die Vollendung.

Die Übereinstimmung und Verbindung der Kräfte dieser Symbole eröffnen den Weg zur erfolgreichen Arbeit der Loge und dem Leben der Freimaurer.

Um das Ritual konsequent einzuhalten, werden die rituellen Texte gelesen.

Die Zuhörer und Vortragende können die dadurch immer gleichen Texte, Mantra-artig verinnerlichen.

Die dort gehörten Weisheiten gehen, wenn sie verstanden werden, in das persönliche Leben über und können leichter verinnerlicht werden.

Wer die Ritualtexte verinnerlicht, dem fällt es leichter mit deren Inhalten im Alltagsleben umzugehen!

Nicht im Gegensatz, sondern als Ergänzung des Rituals dazu steht die „freie Rede" des Redners, oder eines Vortragenden, der ein Thema seiner Wahl als „Zeichnung", „Baustück" oder als „Vortrag" der Loge vorträgt.

Lehrlinge, Gesellen oder Meister tragen die Ergebnisse ihrer Überlegungen und Erkenntnisse vor.

Für den Lehrling ist es Auftrag, seine Gedanken der Lehrlingszeit so vorzutragen, dass die Logengemeinschaft seine Entwicklung nachvollziehen kann. Der Lehrling erläutert welche Aspekte ihn in seiner Lehrzeit besonders berührt haben, oder womit er sich besonders beschäftigt hat.

Dieser Vortrag findet meist am Ende seiner Lehrzeit statt und leitet ihn in den Gesellenstand.

Gesellenzeichnungen, Gesellenbaustücke sind gekennzeichnet von einer schon etwas umfangreicheren Erfahrung innerhalb der Freimaurerei. Nicht nur dass der Geselle etwas tiefer in diese Gedankenwelt eingedrungen ist, er kann seine Erfahrungen, die er in anderen Logen, bei anderen Meistern gemacht hat, in seinen Vortrag einfließen lassen.

In der Regel wird der Geselle nach einer solchen Zeichnung in den Meisterstand erhoben.

Meisterzeichnungen umfassen die Erfahrungen von Lehrlingen und Gesellen, bringen darüber hinaus zusätzliche Gedanken, eigene Entwürfe, Planungsvorschläge und Anregungen in die Loge.

Ein Meister wird versuchen besonders den Aspekt der praktischen Umsetzung der Freimaurerei im praktischen Leben zu betonen und auf entsprechende Wege zur Umsetzung dieser Ziele hinweisen.

Vorträge, Baustücke oder Zeichnungen werden meist nach Beendigung der Loge, bei einem gemeinsamen Essen, miteinander besprochen.

Wenn die Auffassungen zu dem vorgetragenen Thema kontrovers sind, ist das darüber zu führende Gespräch, die Diskussion ein Übungselement um fremde Meinungen anzuhören, zu verstehen und zu tolerieren.

Der Abschluss einer Logen-Arbeit bedeutet nicht nur Arbeitsende, sondern beinhaltet stets das Resümee der aktuellen Arbeit.

Während die Loge vom Meister vom Stuhl und seinen Helfern, den „Beamten", geschlossen wird, wird in der Werklehre zur Schließung der Loge, die Arbeit an uns selbst resümiert, darüber hinaus darüber nachgedacht, ob und inwieweit uns die freimaurerische Arbeit im Allgemeinen weiter gebracht hat.

Es ist die Rückbesinnung auf die Arbeit eines Lehrlings, weil Freimaurer erkennen, dass sie unabhängig ihres erreichten Erkenntnisstandes, ihres Grades, als Lehrling, Geselle oder Meister zeitlebens lernen, zum Lernen bereit sein müssen.

Der Lehrling begreift im Erleben dieser Werklehre, dass er die ersten Schritte innerhalb der Freimaurerei getan hat und dafür – symbolisch – an dem dafür vorgesehenen Ort entlohnt wurde.

Seine Entlohnung besteht darin, dass er Kraft und Stärke empfangen hat, um in seinem täglichen Leben das anzuwenden, was er als Erkenntnis in der Loge durch die Teilnahme am Ritual seines Grades mitgeteilt wurde.

Unabhängig seines Grades belehrt ihn das Ritual darüber, dass er weiter an sich selbst arbeiten soll.

Die Ritualtexte fordern ihn auf, mit starken Willen seine Handlungen darauf auszurichten, die eigene Unvollkommenheit abzulegen.

Der Hinweis darauf, dass unser Leben nicht unbegrenzt dauert und wir deshalb die uns zur Verfügung stehende Zeit klug nutzen sollten, die Endlichkeit all unseres Tuns wird an dieser Stelle – unabhängig von den Erfahrungen unserer Erkenntnisstände – deutlich betont.

Freimaurer werden am Ende ihrer Arbeit ermahnt das im Ritual erlebte nicht nur in sich zu bewahren, sondern es zu verarbeiten und in ihrem Leben zu verwirklichen.

Die Quintessenz hören Freimaurer in den Worten:

Geht nun zurück in die Welt, meine Brüder und Schwestern, und bewährt Euch als Freimaurer. Wehret dem Unrecht wo es sich zeigt, kehrt niemals der Not und dem Elend den Rücken, seid wachsam auf Euch selbst.

Für den Freimaurer endet an dieser Stelle die Logen-Arbeit.

Schon bei der ersten Arbeit kann begriffen werden, was der Sinn dieser Arbeit ist – oder der Weg zur Erkenntnis bleibt längere Zeit verschlossen.

Bei der vorgenannten Beschreibung handelt es sich um die (er)klärende Darstellung eines Rituals im ersten, im Lehrlingsgrad.

Ohne das Arkanum, das heißt die Geheimhaltung, zu verletzen, sollte klar geworden sein, was ein freimaurerisches Ritual beinhaltet.

Im ersten Grad, dem Lehrlingsgrad einer Freimaurerloge, sind im Prinzip alle Symbole, die ein Freimaurer benötigt um seinen Weg zu gehen, enthalten.

Dass Freimaurer ein Initiationsbund sind, erklärt sich mit und im Ritual.

Ein Ritual ist wertlos, wenn es von Menschen nicht verstanden, nicht akzeptiert wird.

Deshalb ist es zwingend notwendig, dass der „Suchende" über die Bereitschaft verfügt, sich auf ein solches Ritual einzulassen.

Nur dann kann er, wie es die uralten Initiationsriten fordern, in einen anderen Lebensabschnitt einzutreten.

Dies erfordert Vertrauen in die Menschen, die in den Lebensabschnitt einführen.

Dies setzt die Bereitschaft voraus, sich auf neues Wissen einzulassen.

Dazu braucht es Kraft, sich neuen Aufgaben zu stellen.

Die Fähigkeit, sich selbst kritisch zu hinterfragen, muss vorhanden sein. .

Der Willen zum Ablegen von Gewohnheiten im Denken und Handeln muss da sein.

Darauf baut die Aufgabe sein Leben selbstverantwortlich zu gestalten.

Natürlich, der freie Mensch von gutem Ruf kann dies auch ohne die Freimaurerei - sein Leben selbstverantwortlich gestalten – und er wird es auch tun.

Trotzdem, oder gerade deshalb, wird er die Gemeinschaft Gleichgesinnter suchen. In einer Gemeinschaft treten, idealer Weise, Synergieeffekte auf, die aus einem guten Mensch einen (noch) besseren machen können.

Der Lehrling einer Freimaurerloge nutzt seine Lehrzeit im Wesentlichen, um sich selbst besser kennen zu lernen.
Die Konsequenz seiner Arbeit sind seine persönlichen Schlüsse, mit und nach denen er seine Persönlichkeit verändert, verbessert, im Idealfall sogar veredelt.

Die Erfahrungen des Lehrlings sind die Inhalte seiner Aufzeichnungen und des Vortrages, den jeder Lehrling vorzutragen hat.

Das könnte man wie „das Berichtsheft des profanen Auszubildenden" ansehen, gäbe es da nicht einen entscheidenden Unterschied:

Im beruflichen Leben erstellt der Lehrling, der Auszubildende, Berichte, in denen er über die Lerninhalte und seine Erfahrungen dem Ausbilder berichtet.

Der Vortrag eines Lehrlings vor der versammelten Loge dagegen, ist lediglich ein kleiner Ausschnitt dessen, was der Lehrling an persönlichen Erfahrungen seit seiner Aufnahme gemacht hat.

Es wäre ungerecht und falsch, würde man seine Entwicklung an der „Exklusivität des Themas", das er sich gewählt hat, messen. Auch die Fähigkeit rhetorisch geschliffener Formulierungen sagt über persönliche Weiterentwicklung unter Umständen nur wenig aus. Der Vortrag kann kurz und bündig oder episch breit sein – entscheidend ist letztlich nicht das Wort, sondern die Tat.

Die Tat, die Umsetzung dessen, was im Ritual des ersten Grades erklärt und gefordert wird.

Ob die Umsetzung funktioniert, das kann am Ende nur einer prüfen – der Lehrling selbst.

Wenn in den Inhalten des ersten Grades alles enthalten ist, wozu dann noch einen, oder überhaupt, weitere Grade?

Die Antwort zu dieser Frage liegt im Auftrag des ersten Grades, des Lehrlingsgrades, der vom Freimaurer fordert und erwartet:

Erkenne Dich selbst

Diese ersten Schritte des Lehrlings sind Schritte, die der Selbstbeobachtung dienen.

Das „Schau in dich", führt dazu, sich selbst zu reflektieren um zu erkennen,

Wer bin ich?

Was will ich?

Was kann ich?

Was muss ich tun?

Dieser selbst gegebene und selbst bezogene Auftrag ist ein fortwährender.

Menschen, denen das bewusst ist, sprechen davon, dass jeder Zeitlebens Lehrling bleibt.

Wäre das tatsächlich so, benötigte die Freimaurerei keine weiteren Grade.

Es ist damit die Erfahrungstatsache gemeint, dass man, unabhängig seiner künftig denkbaren erreichten Grade, in der Bruderschaft, weiter bereit sein muss, sich immer neuen Fragen zu stellen und nach Antworten zu suchen.

Diese Introspektive macht es möglich, den Weg des eigenen Wollens, gelenkt von diesem inneren Kompass, zu finden.

Nachdem der Lehrling diesen Auftrag verstanden und durch seine – veränderte - Lebenshaltung und Lebensführung erfüllt hat, führt ihn die Bruderschaft auf den nächsten Teil seines Weges zu seinen Erkenntnissen, der mit

Schau um dich

beginnt.

Die Freimaurerlehrlinge, die zum Gesellen vorgeschlagen wurden werden wieder in eine Kammer geführt.

Dieses Mal ist die Kammer nicht dunkel, sondern hell.

Er ist nicht alleine, sondern seine künftigen Mit-Gesellen warten und erleben mit ihm gemeinsam die Beförderung zum Freimaurergesellen:

Die Gesellen werden geprüft, ob sie das notwendige Wissen als Lehrling erworben haben, und die Voraussetzungen für ihre Beförderung vorhanden sind.

Diese Prüfung erfolgt ein weiteres Mal, wenn die Lehrlinge in die Loge zurückkehren.

Nur bei erfolgreichem Verlauf der Prüfungen stimmen die Logenmitglieder endgültig der Beförderung zu

Dieses Mal sind die Lehrlinge offenen Auges in die Loge getreten, weil sie durch ihr Arbeiten an sich selbst Teile ihrer Erkenntnis erreicht haben, also nicht mehr blind und unwissend sind.

Die Lehrlinge äußern an der Stelle auf Befragen ihren Wunsch nach Beförderung.

Die Konsequenz daraus ist, dass ihre Bereitschaft, sich künftig mit weiteren, zusätzlichen und schwereren Arbeiten zu befassen, als Voraussetzung festgeschrieben wird.

An dieser Stelle wird – in manchen Logen - den Lehrlingen, ehe sie in die Gemeinschaft der Gesellen aufgenommen werden, der Sinn einer Gemeinschaft und deren Stärke klar gemacht.

An einem dünnen Reisig oder einem schlichten Holzstab wird die Bruchfestigkeit im Vergleich zu einem Reiserbündel oder einem Bündel von Stäben demonstriert.[35]

Der Lehrling soll erkennen, dass der Einzelne durch die Gemeinschaft stark wird.

Man könnte dies allerdings auch anders verstehen:

Wer in seinem Leben schwach und unwissend ist, sollte alles daran setzen sich durch die Arbeit an sich selbst, symbolisch von einem dünnen Reisig zu einem starken Ast zu wachsen oder sich von einem einfachen Stab zu einem Pfahl zu entwickeln.

Das schließt einen Bruch zwar nicht aus, aber eine starke Persönlichkeit kann dadurch auch stärkerem Druck wesentlich besser standhalten – weil der Mensch nicht immer in der Gemeinschaft vereint ist.

Ein literarisches Beispiel menschlicher Größe und Stärke findet man bei einem Benediktinermönch und einem Freimaurermeister, deren erfolgreicher geistiger Widerstand gegen ihre Unterdrücker in dem Buch: Der Mönch und der Meister beschrieben ist.

http://www.amazon.de/Der-M%C3%B6nch-Meister-Christian-Jacq/dp/3499224305

Und wieder werden die zu befördernden Lehrlinge, ähnlich wie bei ihrer Aufnahme, auf symbolische Reisen geschickt.

Dieses Mal nicht blind, sondern mit klarem Blick.

Dieses Mal nicht alleine, geführt von einem Unbekannten, sondern gemeinsam mit Lehrlingen aus ihrer Lehrzeit.

Dieses Mal sind die Arme der Gesellen entblößt, damit sie sich erinnern, dass sie „die Ärmel aufkrempeln", und sie nichts an ihrer Arbeit hindern soll.

Die Hände der mitreisenden Lehrlinge werden kettenweise ineinander verschlungen als Symbol dafür, dass die Einigkeit der Freimaurer die Grundfeste des Bundes ist.

Dieses Mal gehen sie nicht mit leeren Händen, sondern ausgerüstet, mit den Werkzeugen, deren Umgang sie in ihrer Lehrzeit gelernt haben.

Die Werkzeuge des Willens und der zielgerichteten Kraft begleiten sie auf ihrer ersten Reise.

Sie symbolisieren, dass nur der Wille und die Umsetzung durch die eigene Kraft, den Freimaurer davon abhalten kann, den materiellen Verlockungen des Lebens nachzugeben und sein Leben materiellen Zielen unterzuordnen.

Es wurde immer wieder versucht, den Menschen vollkommenes Glück durch materiellen Erfolg zu versprechen.

Diesem, nur vordergründigen Erfolg, haben viele Menschen ihr Leben geopfert. Dadurch wurden Menschen, Brüder und Völker entzweit und der Glauben an Freundschaft und Liebe zwischen den Menschen ging dabei verloren.

Die Absage an diese Verlockung und die Erkenntnis, dass nicht materielle Güter Ziel unserer Arbeit sind, ist der Inhalt der ersten Reise der künftigen Gesellen. An Stelle dieser Werkzeuge, wird bei manchen Obedienzen als erstes Werkzeug das der Rechtschaffenheit auf die Reise mitgegeben.
Die eigene sittliche Würde, wie die der Mitmenschen, ist das Ergebnis der rechtschaffenden Lebensführung eines Freimaurers.

Nach einer, nicht nur rituellen, Stärkung, begeben sich die Lehrlinge auf ihre zweite Gesellenreise.

Andere Werkzeuge kommen zum Einsatz:
Ein Symbol das uns die eigenen Möglichkeiten genau so
aufzeigt, wie unsere Grenzen.
Ein zusätzliches Arbeitsgerät weist darauf hin, alle Arbeiten
maßvoll und gradlinig auszuführen.

Es kommt darauf an, in Stunden der Bewährung nicht zu
versagen. Die Verlockungen von Ruhm, Glanz und Ehre erreichen
auch den Freimaurer.

Viele streben nach den Symbolen der Besten, der Sieger.

Aber Orden und Ehrenzeichen, symbolisieren nicht nur Erfolge, sie
binden Menschen an und in Systeme, und können wie
Sklavenketten wirken.

Das Ziel der Arbeit ist nicht nach den Ehren der Welt zu streben.
Das erklärt die Symbolik der zweiten Reise den Lehrlingen.

Danach werden die Lehrlinge, wie bei der Reise zuvor, nicht nur
symbolisch gestärkt um ihre nächste Reise anzutreten.

Begleitet werden sie von neuen Gerätschaften, mit denen sie
symbolisch weiter in ihrem Leben arbeiten.

Das Werkzeug des unermüdlichen Willens ist den Lehrlingen
aus der bisher geleisteten Arbeit bekannt.

Es ist weiter notwendig, um die Ecken und Kanten der
Unvollkommenheit weiter zu entfernen. Wenn es darum geht
Unterschiede zwischen den Menschen einzuebnen,

Differenzen, die in der Verschiedenheit der Menschen begründet
sind auszugleichen, benötigt man das Werkzeug, welches man
ihnen symbolisch übergibt.

Auf ihrer Reise lernen die Lehrlinge, dass Macht ein Mittel des
Schutzes, der Wachsamkeit und Stärke sein kann, aus dem
Urteilskraft resultiert.

Es muss ihnen bewusst werden, dass diese Kraft nur dosiert und gezielt eingesetzt werden darf. Wer sein Leben mit Streben nach Macht verbraucht, zerstört seine innere Ausgeglichenheit und erscheint wie ein Zerrbild eines Menschen.

Wer ausschließlich nach Macht strebt, läuft Gefahr, nicht mehr Mensch und Bruder sein zu können.

Nicht in allen, aber in einigen Logen, erhält der künftige Geselle ein besonderes Werkzeug, das seine besondere Verantwortung der Gemeinschaft gegenüber darstellt.

Es wird symbolisiert durch ein in der Baukunst verwendetes Instrument, das verbindet, abdeckt und deshalb als ein besonderes Merkmal der Freundschaft und Liebe zu den Mitgliedern des Bundes gilt.

Es wird darauf hingewiesen, dass dieses Werkzeug „poliert" ist, was die Bereitschaft, sich mit besonderem Elan dieser Arbeit zu widmen, darstellt.

Erneut erfolgt eine Stärkung der Lehrlinge, damit sie den nächsten Teil, den vierten, ihrer Reisen antreten können.

Dieses Mal führen sie die Geräte mit sich, die ihr geistiges, wie ihr materielles Leben symbolisieren.

Die Verbindung von Geist und Materie findet ihre Vollendung durch das Licht der Erkenntnis, um die diese beiden Symbole im Grad des Gesellen ergänzt werden.

In diesem Licht der Erkenntnis, werden die Lehrlinge mit dem menschlichsten aller Gefühle konfrontiert, das weder gekauft noch erzwungen, sondern nur als Geschenk empfangen werden kann.

Auch in diesem höchsten Gut verbirgt sich die Dualität des Lebens für denjenigen, der sich völlig in diesem Gefühl verzehrt und darüber seine sonstigen Pflichten vernachlässigt.

Der wahre Weg beinhaltet alles, nicht nur das Schöne.
Das zu erlernen ist notwendig, um die Gemeinschaft mit Allen
möglich zu machen und die Erkenntnis aus dieser Reise.

Den Lehrlingen wird auch nach diesem Teil ihrer Reisen eine
Stärkung gereicht, damit sie auf ihrem weiteren, symbolischen,
Lebensweg gestärkt sind.

Die letzte Reise findet ohne die Mitnahme irgendwelcher
Werkzeuge statt und stellt in der Symbolik der Reisen des
Lebens die „letzte Reise" des Freimaurers, dar.

Der Lehrling soll an der Stelle erkennen, dass er spätestens bis
dahin mit allen ihm zur Verfügung gestellten Werkzeugen arbeiten
können muss, um seiner jeweiligen Situation und Aufgabe gerecht
zu werden.

Die symbolischen Reisen eines Freimaurerlehrlings auf dem Weg
zum Gesellen ist eine „äußere Angelegenheit", d. h. er unternimmt
die Reisen - körperlich – und niemand, außer ihm selbst, kann
erkennen, ob er die Lehren verstanden hat und bereit ist, sie zu
akzeptieren.

Wer könnte eine derartige Prüfung seiner inneren Haltung
vorzunehmen?

Wer ist der Richter, dem nichts verborgen bleibt?

Wer allein kann ein gerechtes Urteil über die Absichten und
Einsichten fällen?

Wer allein weist daraus den richtigen Weg?

Wer kann so tapfer sein, sich diesem zu Urteil zu unterwerfen?

Nur einer,

der zu befördernde Selbst!

Der Lehrling wird mit sich selbst konfrontiert.

Man überlässt ihn einer gezielten Selbstreflexion, die ihm ausreichend Zeit lässt sich selbst so zu erkennen, wie er nach den Erfahrungen als Lehrling und als Reisender ist.

Wer sich so betrachtet, wie er sich durch sein äußeres Erscheinungsbild darstellt, übersieht das innere, geistige Bild, verkennt sich und ist unaufrichtig gegen sich selbst.

Nur wer ehrlich sich selbst gegenüber ist, wird in der Lage sein, das geistige mit dem materiellen in harmonischen Einklang zu bringen.

Seine Arbeit wird das materiell notwendige mit Eifer und Hingabe betreiben und in gleicher Weise seine geistige Entwicklung fördern.

Der neue Geselle hat künftig Arbeit zu leisten, die sich von der bisherigen des Lehrlings unterscheidet.

Seine Aufgabe ist es jetzt, nach mehr geistigem Wachstum zu streben. Er wird ein noch wertvolleres Mitglied des Bundes und in die Lage versetzt, der Menschheit mehr geben zu können.
Ein weiteres Gesellensymbol dokumentiert, dass er mehr sät, als er empfangen hat.
Mit seinem Eid gelobt und bestätigt er diese Bereitschaft.

In seiner künftigen Arbeit leitet den Gesellen ein besonderes Erkenntnissymbol. Es verweist auf den Menschen und die Verbindung vom Großen zum Kleinen, der Vereinigung von Makrokosmos und Mikrokosmos zu harmonischer Einheit durch die Arbeit des Menschen.

In seiner Mitte liegt das Symbol der Anerkenntnis eines Schöpferprinzips, sowie des Wissens, wonach der Standpunkt, der Platz jedes Menschen in der Welt bemessen werden kann.

Dies ist eine der möglichen Interpretationen dieses zentralen Symboles des Gesellengrades.

Ungeachtet weiterer Auslegungen ist dieses Symbol ein Leuchtfeuer, ein Leitstern für den Gesellen und sollte ihm als Orientierungs- und Fixpunkt für die Gestaltung seines weiteren Lebens dienen.

Es ist schwierig das Zentrum dieses Symboles zu erläutern, weil sich dessen Inhalt nicht so ohne Weiteres erschließt. Gleichwohl hat der Geselle zu beachten, dass er um dieses Symboles willen Geselle ist

.Was bedeutet dies konkret?

Es stellt eine historisch, symbolische Anspielung auf die Fähigkeiten, die nach Auffassung römischer Philosophen, ein freier Mann beherrschen sollte – die sieben freien Künste – septem artes libereales, dar.

Es handelt sich dabei um: Grammatik
Dialektik,
Rhetorik,
Arithmetik,
Geometrie,
Musik und
Astronomie.

In manchen Obedienzen gelten Grammatik, Dialektik und Rhetorik als die Grundlage für

das Denken, das Folgern und die Ausdrucksformen

werden dem Lehrling zugeordnet.

Danach soll der Geselle mit dem beherrschen

der Kunst der Arithmetik und der Geometrie

die Welt technisch und materiell meistern lernen.

Der Meister beschäftigt sich nach der Auslegung dieser Obedienz mit „Höherem", den >Harmonien der Sphären< und dem > Hintergrund des Seins<.[34]

Zu einem „freien Mann", als der der Geselle sich jetzt

>in die Welt hinaus begeben soll<

gehört jetzt noch eines:

Er empfängt eine Ohrfeige von dem, dem er Respekt und Gehorsam versprochen hat.

Das ist sowohl irritierend, als auch demütigend.

Begleitet wird diese, symbolische, leibliche Züchtigung mit der Aufforderung derartiges künftig von sonst niemand anderes mehr hinzunehmen.

Der Maurer verspricht schon bei seiner Aufnahme dem Hammerschlag des Meisters zu folgen.

In der Folge wird ihm zunehmend klarer, dass er nur sich selbst gegenüber verpflichtet ist und nur vor seinem Selbst seine Handlungen verantworten muss.

Es ist jetzt und künftig *sein* Selbstbewusstsein, *seine* Meinung und die *Verantwortung für sich selbst* gefordert.

Wer sich im Rahmen der Gesetzmäßigkeiten bewegt, muss sich keinerlei anderen Rechtsansprüchen beugen, als den eigenen Erkenntnissen.

Der Meistergrad

Wenn der Geselle weiter an sich gearbeitet, seine Erkenntnisse vertieft und sich „in der Welt" umgeschaut hat, wird er, nach einer Entscheidung der Meister seiner Loge, dazu vorgeschlagen, zum Meister erhoben zu werden.

Ein wichtiger, der letzte, Schritt in der Abfolge der Erkenntnisstufen der Freimaurerei.

Wer alle Stufen der Freimaurerei durchlaufen hat, kann mit dem Grad des Meisters wirklich die höchste Stufe der Möglichkeiten, die in einer Loge geboten werden können, erreichen.

Ob er wirklich Erkenntnis erlangt hat, entscheiden aber nicht die, die ihn zur Erhebung vorschlagen, sondern am Ende der Geselle selbst, der sich als Meister selbst zu beweisen hat, ob er >innerlich< alle Stufen beschritten, alle Kenntnisse erreicht und die Erfahrungen daraus in seinem Leben umsetzt.

Der wahre Meister ist in der Lage seinerseits Lehrlinge und Gesellen auf ihren persönlichen Wegen zu führen und zu leiten, ohne sie einzuengen oder zu bestimmen.

Ein weiteres Mal begibt sich der Maurer, dieses Mal als Geselle, in die Kammer, in die er schon als Suchender, als Geselle, eingeführt wurde.

Sein erster Besuch in der dunklen diente der Selbstreflektion, die ihn umgebenden Einrichtungsgegenstände wiesen vor allem auf ihn selbst hin.

Schau in Dich

Ist der Auftrag, dem er seit dieser Zeit nachzugehen hat.
Die Kenntnis seiner eigenen Personen, die Kenntnis der eigenen Stärken, die Kenntnis der eigenen Schwächen zu ergründen führen den Maurer, nicht nur als Lehrling, sondern in seinem gesamten Leben, immer auf ihn selbst zurück.

Er ist nicht „immer Lehrling", aber er sollte bereit sein in der Beobachtung seiner selbst zu erkennen, wie er ist, wie er sich verändert und wie er dementsprechend reagiert.

Gelingt ihm das, hat er das

Erkenne Dich selbst

als lebenslangen Auftrag erkannt.

Als zum Gesellen zu befördernder Lehrling erlebte er eine helle Kammer, die ihm die Gemeinschaft in und mit der Loge und mit allen Menschen verdeutlichen sollte. Die Arbeit erfolgte in einer fröhlichen Stimmung, führte über die eigene Loge hinaus zu anderen.

Sein Auftrag

Schau um Dich

schickte ihn in die Welt als Freimaurer.

Wenn er seinen Auftrag verstanden und verinnerlicht hat, dann war er gestärkt gegen die Versuchungen von Geld, Macht, Ehre oder unaufrichtige menschliche Bindungen.

Die sinnvolle Nutzung der ihm übergebenen „Werkzeuge" und die Anwendung in unterschiedlichen Situationen, gehörten zu seinem Auftrag.

Die von ihm besuchten Logen, die fremden Meister, haben seine Besuche und seine Arbeit bestätigt. Ob er die dort vorgefundenen Erkenntnisse in sein Leben „einarbeiten" konnte, wird nur er selbst in seinem weiteren Leben feststellen können.

Dieses Mal ist die Kammer wiederum dunkel und er stellt fest:

Den Wechsel von

>**dunkel**< für den Suchenden,

>**hell**< für den Lehrling,

>**dunkel**< für den Gesellen.

Der Übergang zum Meister symbolisiert im Licht der Kammer, wie das Symbol in der Loge und auf der Arbeitstafel oder dem Arbeitsteppich, den ständigen Wechsel von Licht und Schatten.

Es zeigt den Wechsel von Licht und Finsternis; Entstehen oder Vergehen; Freude und Schmerz; Glück und Unglück; Leben und Tod.

Dem Lehrling soll durch die Regelmäßigkeit der hellen und dunklen Elemente klar werden, dass sein Leben nicht einem planlosen oder willkürlichen Schicksal unterworfen ist, sondern dass die Welt eine ursächliche Verkettung von Gut und Böse - der ständigen Widersprüche - ist.

Der Geselle hat dies in der Welt erfahren und mit den ihm zur Verfügung stehenden Werkzeugen bearbeiten können.

Der Meister wird darüber hinaus zu erarbeiten haben, wie er sich auf diese Anforderungen einstellt und welche Verhaltensmuster er mit seiner Erfahrung an die Lehrlinge und Gesellen weitergeben kann.

Die Beleuchtung ist spärlich und er findet in der Kammer einen Hinweis darauf, dass alles, was er in seinem Leben bisher erreicht hat, jederzeit verloren gehen kann.

Das gilt für die materiellen Güter genau so, wie für die zwischenmenschlichen Beziehungen und seine körperliche Gesundheit.

Am Beispiel eines historischen Menschen wird dem künftigen Meistermaurer aufgezeigt, was seine wirkliche Bestimmung im Leben ist.

Bei der Aufnahme, der Beförderung und jetzt erneut, weist das Ritual, und die Einrichtung der Kammer darauf hin, dass es Kräfte gibt, die der Mensch nicht einschätzen kann.

Diese können dazu führen, dass selbst „der Gerechteste", „der Fleißigste" und das „größte, untadelige Vorbild" in eine elendige Lage kommen können.

Das ist der Moment, in dem sich zeigt, ob der Freimaurer seinen gelernten und verinnerlichten Grundsätzen treu bleibt, oder ob er angesichts der Probleme diese Ideale verrät.

Es ist leicht, wenn alles gut läuft und es keine Sorgen gibt, hohe ethische Ansprüche zu erkennen und als theoretische Lehre anzunehmen.

Die Bewährung kommt mit den „dunklen Seiten" im Leben.

Nur wer sich schon in „guten Zeiten" auf die Eventualität einer ins Gegenteil gerichteten Veränderung bewusst gemacht hat, wird diese Zeiten in der gleichen Haltung bewältigen.

Der Auftrag dies zu bewältigen heißt für einen Meister deshalb

Schau über Dich!

Mit dem Wechsel von Dunkel nach Hell und wieder zu Dunkel ist schon in der Kammer erkennbar, wie der Lehrling beginnt, seinen Auftrag zu bearbeiten, der Geselle ihn fortführt, bis der Meister ihn in Überwindung der Dunkelheit vollendet.

Bei dieser Vollendung wird der Freimaurer in der härtesten nur vollstellbaren Form mit sich selbst konfrontiert.

Aus gutem Grund erhält er vor dem Verlassen der Kammer, wenn er sich auf den Weg an seinen Platz, an dem er üblicher Weise arbeitet, die Empfehlung:

Sei ohne Furcht

Als Geselle betritt er den gesicherten Bezirk mit klarem Blick und wird von Dunkelheit umschlossen.

Nichts ist von der Fröhlichkeit seiner Gesellenarbeit, der Gemeinsamkeit mit den Brüdern und Schwestern und dem strahlenden Licht zu spüren, in dem er die letzten Arbeiten erlebte.

Es muss etwas Außergewöhnliches geschehen sein, weil alle der Raum und alle Anwesenden in Zeichen der Trauer gehüllt sind.

Er wird darauf hingewiesen, dass nur ein Narr durch sein Leben geht, ohne die Frage nach dem Woher und Wohin zu stellen.

Licht, Wahrheit und Weisheit werden demjenigen verschlossen bleiben, der nicht bereit ist sich diesem zu öffnen, wird ihm ebenfalls mit auf den Weg gegeben.

Der Geselle weist sich vor allen Mitgliedern der Loge durch die entsprechenden Prüfungen, zunächst als Lehrling, dann als Geselle aus.

Wenn ihn die anwesenden Meister anerkennen, erhält er das Passwort der Meister. Ist er zu weiteren Aufgaben und Arbeiten bereit, erhält er dazu die Möglichkeit.

Dazu begibt er sich an den Ort, der das größte Licht und die höchster Macht symbolisiert und überschreitet auf dem Weg dorthin das offene Symbol menschlicher Vergänglichkeit.

Seinen Eid legt er nicht nur vor den versammelten Meistermaurern ab, sondern vor allem vor dem höchsten von Menschen verehrten Prinzip, das, wie immer er es für sich selbst definiert, Grund und Ursache für die Existenz allen Seins ist.

Dieser Eid bewirkt, dass der neue Meister nun vor seiner ersten Meisterarbeit steht, die für ihn als Freimaurer die schwerster aller denkbaren Prüfungen ist.

Besteht er diese Prüfung, finden die Jahre der Vorbereitung und Arbeit in den Graden als Lehrling und Geselle jetzt ihre Vollendung und er ist in das Geheimnis der Johannismaurerei eingeweiht.

Ein letztes Mal werden die Merksätze der Grade in Erinnerung gerufen, die dem neuen Meister die Kraft geben, den letzten Schritt zur Vervollkommnung zu gehen.

Er wird darauf vorbereitet, dass er bereit sein muss sein Leben für Selbstbeherrschung und Vollkommenheit zu opfern.

Erst dieser feste Vorsatz dazu, macht ihn würdig, die kommenden Aufgaben und Prüfungen zu überstehen.

Die erste Aufgabe und Prüfung, die der neue Meister zu bestehen hat wird unverzüglich ausgeführt

Der Lehrling konnte nur alleine in sein Innerstes schauen.

Der Geselle ist machte mit anderen seine Erfahrungen in der Welt.

Der Meister muss jetzt und hier seinen Mut und seine Standhaftigkeit vor allen Mitgliedern der Loge beweisen.

Es folgt so etwas wie eine Charade, bei der der junge Meister nicht nur die Rolle eines leuchtenden Vorbildes übernimmt,

er **IST**

symbolisch dieser Meister und muss dessen Prüfungen und die dabei erlittenen Schmerzen bestehen.

Das immerwährende Motiv der maurerischen Symbolik ist, seit alten Zeiten, der Bau des salomonischen Tempels, mit dem Freimaurer den Sinn ihrer Arbeit symbolisch darstellen.

Einem Meister wurde von König Salomon die Aufsicht über die Errichtung des Baus anvertraut.

In der Legende vom Tod dieses großen Meisters sind die höheren und wahren Mysterien verborgen, die in der Freimaurerei nur als Spiegelung zu erkennen sind, nach denen die wahren Meister allerdings streben.

Gesellen erhielten schon zu Salomons Zeiten erst nach gehöriger Prüfung und Zustimmung aller Meister Zugang zu allen Geheimnissen der Baukunst – die der Freimaurer als Geheimnisse der Lebenskunst versteht.

Drei Gesellen waren nicht bereit sich diesen Prüfungen und Entscheidungen stellen und überlegten sich einen Plan, wie sie unter Umgehung der Prüfungen in den Besitz dieser Geheimnisse kommen konnten.

Ein Meister, der Meister, besaß die Geheimnisse, ihm wollten sie das Mysterium, notfalls mit Gewalt entlocken.
Sie kannten seine Gewohnheiten und lauerten ihm einzeln auf.
Der erste Geselle hatte sich mit einem 24zölligen Maßstab bewaffnet, trat vor den Meister und forderte unter Androhung von Gewalt, des Todes, das Geheimnis des 3. Grades.
Als ihm dieser die Auskunft verweigerte, schlug ihm der Geselle mit dem 24zölligen Maßstab gegen die Kehle und der Meister sank auf sein linkes Knie, konnte sich aber aufraffen und die Flucht ergreifen.

Was sagt das dem Freimaurermeister?

Dieser Geselle ist die Ungeduld in uns, die uns oft antreibt.
Symbolisiert durch das Werkzeug für Zeit und Geduld.
Das sind wir, die „vor der Zeit", d. h. ohne die entsprechende
Ausbildung und Erfahrung, wollen Dinge wissen wollen, die wir
nicht beherrschen können Es ist eine emotionale begründete
Handlung, weil dem Gesellen das Gefühl vorgaukelt, er habe
lange genug gelernt und es sei an der Zeit, ihm die Geheimnisse
zu übergeben.
Deshalb stürzt der Meister zur Linken, der Herzseite, dem Gefühl.

Dass er die Flucht ergreifen kann, zeigt seine Stärke, die auch
durch aufgewühlte Emotionen nicht erschüttert werden kann.
Der Mensch, der Freimaurer, muss begriffen haben, dass alles
seine Zeit hat und unzeitiges Fordern kein positives Ergebnis
bringt.

Der nächste Verschwörer erwartet den Meister bereits und
wiederholt seinen Wunsch, der mit der gleichen Begründung
verweigert wird.

Der fordernde Geselle schlägt darauf hin dem Meister sein
mitgeführtes Winkelmaß auf die linke Brustseite, der Meister,
stürzt auf das rechte Knie. Auch dieses Mal kann er seinem
Angreifer – verletzt – entkommen.

Was sagt das dem Freimaurermeister?

Das Werkzeug, das die Rechtschaffenheit, die winkelgerechte
Lebensführung symbolisiert und eine wesentliche Grundlage
freimaurerischer Arbeiten ist, ergibt aber keinen, quasi
automatisch, besseren Menschen. Auch und gerade der
rechtschaffende, die Gesetze achtende Mensch muss sich nach
den Regeln die vorgegeben sind, orientieren.
Der Mensch, der Freimaurer, muss begriffen haben, dass er nichts
Besseres als alle anderen Menschen ist und nur
Rechtschaffenheit zum Ziel führt – auch wenn die Umwelt anderes
verspricht. .

Die Verschwörer mussten geahnt haben, dass der Meister am Ort des größten Lichtes und Erkenntnis Zuflucht suchen würde. Dort erwartete ihn der letzte der Aufsässigen und forderte mit gleichem Nachdruck die Geheimnisse ein, die wie zuvor energisch verweigert wurden. Der Schlag mit einem Hammer gegen die Stirne tötete den Meister und er stürzt tot zu Boden.

Was sagt das dem Freimaurermeister?

Selbst wenn Macht und Stärke auf den Meistermaurer einwirken, darf er diesen Kräften nicht nachgeben. Die Königliche Kunst braucht ausgebildete Menschen, die bereit sind, ihr Leben dafür einzusetzen.
Der Freimaurer, muss begriffen haben, dass er selbst unter Anwendung stärkster Macht und Stärke die Königliche Kunst tapfer vertreten muss.
Nur wer – symbolisch – sein Leben verliert, wird sein Leben, das er keiner Macht oder Stärke unterordnen muss, gewinnen.

Die Legende erzählt im weiteren Verlauf, dass man sich auf die Suche nach dem, zu dem Zeitpunkt unbekannten Grab machte.

Wieder sind es drei – symbolische – Wege die man dazu beschreitet.

Man sucht als Lehrling – in sich selbst – ob man den Weg zum Meister richtig beschritten hat und hofft auf Antwort.
Der Lehrling findet den Ort des Grabes und wird aufgefordert den Leichnam zu bergen.
Es misslingt ihm, weil sich die Haut vom Fleische löst.

Was sagt das dem Freimaurermeister?

Oft verstecken wir uns hinter einer Fassade, die das wahre und wirkliche Bild unserer Denkweise verdeckt. Entfernt man die äußere Hülle, erkennt man die Substanz.
Das ist die eigentliche Aufgabe des Lehrlings: Sich selbst substantiell zu erkennen – ohne die Beschönigungen einer Fassade.

Auch der Geselle sucht weiter mit Eifer und wird, am freigelegten Leichnam, aufgefordert den Versuch einer Hebung vorzunehmen. Auch dieser Versuch misslingt, weil sich das Fleisch vom Bein löst.

Was sagt das dem Freimaurermeister?

Wenn der Lehrling die Substanz freigelegt hat, ist das Ablösen des Fleisches und Freilegen der Knochen ein Symbol dafür zu erkennen, wovon die Substanz getragen wird.
Dem Gesellen ist aufgetragen HINTER die Substanz zu sehen, vor allem die Eigene.
Wer erkennt was ihn stützt und hält, kann seiner Substanz entsprechend aufbauen und notwendige Kräfte für ihren Einsatz entwickeln.

Schließlich wird ein Meister, der Vertreter des Ermordeten, aufgefordert den Versuch einer Erhebung des Leichnams vorzunehmen. Dieser Versuch gelingt, weil der Meister weiß wie er den anderen erheben kann, wie er ihm wieder – symbolisch – Leben einhauchen kann.

Was sagt das dem Freimaurermeister?

Es sind fünf Elemente, die den – symbolischen – Tod überwinden können:

- *Die Bereitschaft mit dem Bruder alle Wege zu teilen.*
- *Das Wertschätzen dessen, was dem Bruder wichtig und heilig ist.*
- *Den Willen den Anderen als Bruder oder Schwester immer zu achten.*
- *Die Fähigkeit Freud und Leid mit seinem Bruder oder Schwester zu teilen.*
- *Die Energie seinen Bruder oder Schwester gegen alle Angriffe zu verteidigen.*

Der Meister ist nicht gestorben, er wurde als Teil des Meisters neu geboren.

Mit einem letzten Rückblick auf sein „vergangenes Leben" erkennt der junge Meister, dass er nicht mehr nur Lernender, sondern künftig Weitergebender ist.

Wenn er es verstanden hat, wurde er ein Teil des Lichtes, der Erkenntnis, dass er bisher nur gesucht und nun in sich gefunden hat.

Der Meister hat die Antwort auf sein Suchen, das – sein - Wort, gefunden.

Er baut ab jetzt in und mit seinem eigenen Licht an dem großen, gemeinsamen Bau und muss sich deshalb in besonderer Weise dessen als treu erweisen.

Die Verlesung und die Darstellung der Legende war nicht immer Teil freimaurerischer Arbeit.

Über die Herkunft, den Inhalt und den Sinn führen freimaurerische Historiker regelrechte Streitgespräche.

Ungeachtet dessen scheint mir allerdings, dass es eine hervorragende, fabulöse Geschichte ist, die den Weg des Freimaurers vom Lehrling zu Meister umfassend beschreibt.

Voraussetzung ist, dass der Mensch als Maurer bereit ist, sich mit Symbolen im Allgemeinen und hier im Besonderen zu befassen und sie als Richtschnur für sein eigenes Handeln zu begreifen und umzusetzen.

Man fragt sich jetzt zu Recht, ob dies alles notwendig ist?

Braucht man eine Loge, braucht man die Freimaurerei um die hohen Anforderungen, die sich aus der Deutung der Rituale ergeben?

Die Antwort ist eindeutig: **N E I N**, man braucht dazu die Freimaurerei nicht!

Allerding ist schon bei Lessing, in seinen
„Gespräche für Freimäurer" der nachfolgend aufgeführte Dialog
zwischen einem Freimaurer und einem Nichtfreimaurer, Ernst und
Falk zu finden – Ausschnitt:

Ernst: *Und könntest du denn wissen, was du weißt, ohne
aufgenommen zu seyn?*

Falk.: *Warum nicht?*
*Die Freimaurerei ist nichts Willkührliches, nichts entbehrliches:
sondern etwas nothwendiges, das in dem Wesen des Menschen
und der bürgerlichen Gesellschaft gegründet ist.*
*Folglich muß man auch durch eignes Nachdenken ebenso wohl
daraufverfallen können, als man durch Anleitung darauf geführt
wird.*

Ernst: *Die Freimäurerei wäre nichts Willkührliches?*
*Hat sie nicht Worte und Zeichen und Gebräuche, welche alle
anders sein könnten, und folglich willkührlich sind?*

Falk: *Das hat sie.*
*Aber diese Worte und diese Zeichen und diese Gebräuche, sind
nicht die Freimaurerei.*

Ernst: *Die Freimaurerei wäre nichts Entbehrliches?*
*Wie machten es denn die Menschen, als die Freimaurerei noch
nicht war?*

Falk: *Die Freimaurerei war immer.*

Ernst: *Nun was ist sie denn, diese nothwendige, diese
unentbehrlicheFreimaurerei?*

Falk: *Wie ich dir schon zu verstehen gegeben: –*
Etwas, das selbst die, die es wissen, nicht sagen können.

Eine solche Aussage :

Freimaurerei war immer,

verbunden mit dem anschließenden Satz:

Etwas, das selbst die, die es wissen, nicht sagen können

zeigt, wie wenig damals schon Freimaurer über sich selbst
wussten – vor allem wussten offenbar schon damals viele derer,
die sich in den Logen aufhielten, überhaupt nicht, was sie dort
treiben.

Daran, so scheint es, hat sich bis heute wenig geändert!

Nachdem jetzt Zahlen, Daten, Fakten ausreichend aufgeführt
wurden ist es an der Zeit die Frage zu stellen:

**Was bringt das Ganze eigentlich einem Freimaurer
und was bringt die Freimaurerei der Welt?**

Übereinstimmend sprechen fast alle Logen immer wieder von den
gleichen Idealen:

Freiheit,

Gleichheit,

Brüderlichkeit,

Toleranz und

Humanität

Was ist eigentlich unter diesen „Überschriften" zu verstehen?
Sind das Forderungen wie:

Uneingeschränktes Grundeinkommen für Jeden? oder, sehr
platt

Freibier für Alle ?

Das uneingeschränkte Grundeinkommen für Jeden bedarf einer vermutlich sehr fein ausgeklügelten Finanzierung, weil alle Bereiche des Lebens betroffen wären. Kluge, vorausschauende Köpfe könnten diese Forderung vermutlich irgendwann als Konzept genehmigen, oder als Utopie verwerfen.

Bei „Freibier", scheint das einfacher zu sein.
Sobald der Anlass zum Biertrinken feststeht, muss lediglich ein Sponsor, der das Bier bezahlt, gefunden sein.
 Mit den anschließenden Folgen vermutlich reichlichen Alkoholgenusses, muss sich der Einzelne persönlich auseinandersetzen.

Mit der **Freiheit** ist das etwas komplizierter!

Was ist eigentlich Freiheit?

Man ist bis heute stolz darauf, dass nach mehr als 200 Jahren, die Proklamation der unveräußerlichen Menschenrechte der Menschenrechtserklärung der französischen Revolution von 1789: **„Freiheit, Gleichheit Brüderlichkeit"** immer noch Rechtskraft hat.

Religiös-konservative Menschen fragen allerding, ob diese Forderungen denen ihrer Bibel entsprechen und prüfen diese Menschenreche an Hand ihrer Vorstellung der „göttlichen Schöpfungsordnung".

Nach ihrer Ansicht ist die Freiheit der französischen Revolution nicht die biblisch verstandene Freiheit.
Man wirft diesem Menschenrecht vor, es sei an das Menschenbild der Revolution gebunden.
Weil die Freiheit, losgelöst von „göttlicher Autorität" zur Tyrannei durch die Menschen führe, sei es ein atheistisches Menschenbild und wird daher abgelehnt.

Die Freiheitsproklamation der französischen Revolution habe nach Auffassung dieser Christen nur zu neuen Gebundenheit an Menschengebote und -verbote geführt.

Allgemein versteht man unter Freiheit sicher die Möglichkeit des Menschen zwischen verschiedenen Alternativen - ohne Zwang - frei wählen zu können.

Ist das wirklich die Freiheit, von der Freimaurer sprechen?
In der DDR hatten die Menschen „die Freiheit" zwischen
unterschiedlichen „Blockparteien" zu wählen, was aber letzten
Endes immer auf das gleiche Ergebnis hinaus lief.

Im westlichen Teil unseres Landes hatte man immer die Wahl
zwischen vielen Alternativen, aber war es wirklich eine „freie"
Wahl?

Nicht dass man behindert oder eingeschüchtert wurde, sondern
mehr dadurch, in welcher Abhängigkeit sich der Einzelne befindet!

Die Abhängigkeiten und Beschränkungen, denen unsere Freiheit
unterliegen kann, sind entweder innere oder äußere Einflüsse. Die
äußeren Beeinflussungen können gesellschaftlicher, politischer
aber auch soziologischer Natur sein.

Nicht unwesentlich sind auch die inneren Einwirkungen, die eine
freie Entscheidungen, unsere Freiheit, beeinflussen können.
Das sind Meinungen, die wir uns gebildet haben und unsere
Vorurteile damit nähren. Es können Bildungslücken sein, die uns
aus Unwissenheit unserer freien Entscheidung berauben.
Man spricht in solchen Fällen von positiver und/oder negativer
Freiheit

Freiheit ist demnach ein Begriff, der sehr unterschiedlich
eingeordnet und beurteilt werden muss.

Freiheit hat etwas mit Eigenständigkeit, Selbstbestimmung,
Ungezwungenheit, Zwanglosigkeit, Bindungslosigkeit oder
Emanzipation zu tun.

Wir werden sehen, wie Freimaurer auf Grund der Erfahrungen aus
den Ritualen mit all diesen Begriffen umzugehen lernen.

Wann ist ein Mensch frei?

Es gibt Philosophen, die sagen, dass der Mensch, als er in paradiesischen Zuständen lebte, wirklich frei gewesen sei.

Er kannte keinen Unterschied zwischen Gut und Böse, Dein und Mein waren ihm fremd – alles gehörte zu ihm, stand ihm zur Verfügung.

Er kannte, besser erkannte, den Tod nicht, er kannte keine Vergangenheit und keine Zukunft, er lebte frei im Hier und Jetzt.

Ein Neugeborenes Kind ist ebenfalls frei, weil es sich – scheinbar - in der gleichen Situation befindet – das Neugeborene lebt im Hier und Jetzt.

Wirklich frei?

Nicht ganz, die biologischen Notwendigkeiten und Möglichkeiten des Körpers schränken die Freiheit des neuen Erdenmenschen nicht unerheblich ein.

Die Einwirkungen seiner Umwelt, Eltern und Familie tun ihr Übriges und verändern die Freiheit des Menschen durch die von ihnen festgelegten, oder ihrem sozialen Dasein zugrunde liegenden Regeln.

Wurde ein Mensch in eine Zeit und Umgebung der Leibeigenschaft geboren, war er vom Zeitpunkt seiner Geburt an schon nicht mehr frei – sondern unterlag den gleichen Zwängen, wie seine Erzeuger.

Wovon oder wozu ist der Mensch frei?

Schon in der Antike erkannten die Menschen, dass Freiheit die persönliche, die individuelle Freiheit von den Zwängen der Gesellschaft, der Politik, von allen Beschränkungen, die die Welt Menschen auferlegen konnten, sein musste.

Andererseits bedeutet Freiheit gleichzeitig, dass der Mensch ungehindert und jederzeit nach Neuem und Unbekanntem in Gedanken, Worten und Werken streben können muss.
Es liegt offenbar im Wesen des Menschen danach zu suchen.

Daran darf er nicht aus Gründen einer angenommenen oder wirklich vorhandenen Tradition gehindert werden.

Ist Freiheit grenzenlos?

Keinesfalls, und mit wenigen Worten zu erklären.

Die Freiheit endet dort, wo die Freiheit eines Anderen eingeschränkt wird.
"Freiheit ist immer die Freiheit der Andersdenkenden, sich zu äußern."
Rosa Luxemburg: Breslauer Gefängnismanuskripte zur Russischen Revolution.

Sobald jemand durch die Handlungen eines Anderen mehr als nur belästigt wird geschädigt wird, ist diese Grenze überschritten. Es ist natürlich zu berücksichtigen, ob diese Handlungen durch eine für die Allgemeinheit notwendige Tat einen sich rechtfertigenden Grund darstellen.
Eine Straße wird z. B. wegen eines Unfalls gesperrt und ich werde deshalb daran gehindert, diese Straße zum gleichen Zeitpunkt zu benutzen.

Was sagt das dem Freimaurer?

Um die Abhängigkeiten oder Beschränkungen der Freiheit zu erkennen, muss der Freimaurerlehrling erst einmal prüfen, welchen Abhängigkeiten, Beschränkungen und inneren Einflüssen er selbst unterliegt.
Durch den Prozess des Erkenne dich selbst, deckt er seine Lücken auf, prüft nach welchen Kriterien er seine Entscheidungen fällt und erweitert damit das Wissen um sich selbst.

Der Geselle erkennt darüber hinaus, welche Einflüsse die ihn umgebende Gesellschaft auf seiner Entscheidungen hat und ob diese Einwirkungen seine Entscheidungen beeinflussen oder er eigenen Wegen folgt.

Der Meister schließlich fast die Selbsterkenntnis, das Wissen um die Einflüsse von innen und außen und fällt, nach Abwägung aller ihm bekannten Faktoren, Eigenverantwortlich seine Entscheidungen.

Über die so erkannten Wege tauscht er sich mit anderen Meistern aus und gibt alleine, oder mit ihnen gemeinsam das Wissen an Lehrlinge und Gesellen weiter.

Sein Leben, sein Verhältnis und die Nutzung seiner Freiheit richtet er nach diesen Erkenntnissen aus.

Mehr noch:

Der Freimaurermeister wird als Teil der Gesellschaft ein Vorbild.

Die von ihm erkannten Regeln gelten nicht nur für ihn selbst, sondern könnten in gleicher Weise auch als Regeln für die Allgemeinheit dienen.

Der Kant'sche Imperativ ist eine theoretische Anleitung zu dem, was ein Freimaurer vorleben sollte:

„Handle nur nach derjenigen Maxime, durch die du zugleich wollen kannst, dass sie ein allgemeines Gesetz werde."

Auch beim Thema Gleichheit gibt es zwischen den Menschen unterschiedliche Auffassungen.

Was bedeutet Gleichheit?

Man muss festhalten, dass Gleichheit nicht die Identität des Menschen aufhebt, so wie wenn man von „gleichen Sachen" spricht, sondern sie betont und erhält.
Die Identität des Menschen ist die Besonderheit, die Eigenständigkeit jedes einzelnen Menschen, mit der er sich von anderen Menschen unterscheidet.
Wörterbuch der Philosophie, Diogenes 1980,

Gleichheit eine allgemeine Idealvorstellung, die ihre Entwicklung seit mehr als zweitausend Jahren durchläuft.
In der Unabhängigkeitserklärung der Vereinigten Staaten von Amerika 1776 wurde bereits die Gleichheit der Menschen vor dem Gesetz festgelegt.
In der französischen Revolution 1789 war die Gleichheit, neben Freiheit und Brüderlichkeit , ein Teil der Leitlinien.
Seither gilt es als ein Grundprinzip, dass alle Menschen vor dem Gesetz gleich sind.

Traditionelle, christliche Kreise stellen diese Forderungen in Frage, weil sie der Meinung sind, dass Gleichheit ebenfalls nicht Teil der „göttlichen Schöpfungsordnung" sei.

Es beginnt mit der Grundsatzfrage der Gleichheit von Mann und Frau. Weil Mann und Frau (biologisch) ungleich wären, wird die Gleichheit verneint und als von Menschen erdachtes Regulativ abgelehnt.
Als Folge dieser anderen Auffassung sehen diese Konservativen den Feminismus, der als Grund und Ursache für eine Aushöhlung des Eherechtes gesehen wird. Auch die Anerkennung von Gemeinschaften gleichgeschlechtlicher Partner sei unbiblisch. Eine Gleichheit vor dem Gesetz wird von diesen Kreisen abgelehnt.
Man beharrt auf einem angeblich „biblischen Menschenbild", nach der Menschen zwar individuell geschaffen sind, aber nur durch den Glauben an Jesus Christus „errettet" werden können.

Was sagt das dem Freimaurer?

Bei der Schließung der Loge fragt der Meister vom Stuhl wie sich Freimaurer begegnen sollen.
Aus der Antwort ergibt sich, dass Freimaurer sich auf „gleicher Ebene" begegnen, was durch ein entsprechendes Symbol dokumentiert wird.

Diese „gleiche Ebene" besagt, dass Menschen, ungeachtet ihrer Hautfarbe, ihrer Herkunft, ihrer Religion, ihrer sexuellen Präferenzen, ihrer politischen Ausrichtungen, ihrer wirtschaftlichen oder intellektuellen Stärke als „gleichwertig" anzusehen sind.

Wieder lernt der Lehrling, erst einmal sich selbst einzuschätzen, seinen Standort zu erkennen.

Dem Gesellen wird durch seine Außenkontakte klar, welche Unterschiede es gibt und wie er auf die unterschiedlichen Menschen sinnvoll eingeht.

Der Meister fasst dieses Lernen, diese Erfahrungen zusammen und gestaltet daraus ein Lehr- und Lernsystem, welches er der Loge, den Lehrlingen, Gesellen und Meistern zur Verfügung stellt.

Der Meister versucht möglichst sämtliche Eventualitäten, die sich im Zusammenleben unterschiedlicher Menschen ergeben können, in seine Handlungspläne, die er seinen Schülern weitergibt, zu integrieren.

Und wieder ergibt sich ein Lehrplan, der dem Kant'schen Imperativ entspricht:

„Handle nur nach derjenigen Maxime, durch die du zugleich wollen kannst, dass sie ein allgemeines Gesetz werde."

BRÜDERLICHKEIT

Können die Losungen der französischen Revolution „Freiheit, Gleichheit, Brüderlichkeit" von Menschen und Freimaurern auch heute eingehalten werden?

Was ist Brüderlichkeit?

Ursprünglich ist es nicht anderes als das feststellen eines gemeinsamen biologischen Ursprungs zweier oder mehrerer Menschen, mit den gleichen Eltern. Auch wenn Frauen nicht ausdrücklich benannt wurden, verstand man schon immer, dass auch Frauen in der Brüderlichkeit mit einbezogen gelten.
Heute wird, im Sinne einer sprachlichen Gleichbehandlung der Geschlechter, häufig auch von Schwesterlichkeit oder Geschwisterlichkeit, gesprochen.
Brüderlichkeit, unabhängig der zeitlich-sprachlichen Gepflogenheiten, bezeichnet darüber hinaus das Verhalten einer Gruppe, die nicht leiblich verwandt, aber bestrebt ist, sich brüderlich, schwesterlich, solidarisch zueinander zu verhalten.

Untereinander besteht keinerlei Verwandtschaft. Man bildet eine Gemeinschaft, in der man sich verbrüdert und trotz sonstiger Verschiedenheit gleichgestellte Beziehungen untereinander aufbaut und erhält.

In der *Erklärung der Menschenrechte* der Vereinten Nationen wird der Gedanke der Brüderlichkeit sehr plastisch und eindringlich dargestellt:

Alle Menschen sind frei und gleich an Würde und Rechten geboren. Sie sind mit Vernunft und Gewissen begabt und sollen sich zueinander im Geiste der Brüderlichkeit begegnen.

Es gibt durchaus unterschiedliche Auffassungen von Brüderlichkeit:

Der marxistisch-kommunistische Klassenkampf, unterscheidet klar zwischen unterschiedlichen Bruderschaften und behandelt die jeweils Anderen als Feinde.

Traditionell christliche Bruderschaften erkennen als „Bruder" nur die an, die sich als Bruderschaft im biblischen Sinn nur so sehen, dass der „Vater im Himmel" ihr „Vater" ist.

Eine andere „Bruderschaft" wird strikt abgelehnt.
Derartig „eng" fassen auch muslimische Bruderschaften die Zugeständnisse an die, als deren Brüder sie sich sehen und empfinden.

Was sagt das dem Freimaurer?

Dem Lehrling zeigt das Erleben seiner Initiation, sein erster Blick, nach dem er das freimaurerische Licht erhalten hat ein besonderes Bild:

Wenn dem aufgenommenen neuen Freimaurer die Binde von seinen Augen entfernt wird, ist er zunächst von der ihn umgebenden Helligkeit geblendet.

Symbole der Bedrohung fallen als erstes in sein Auge, die aber gleichzeitig ein Hinweis auf die ihn erwartende Hilfe sind.

Das erste „Licht der Erkenntnis" ist das Bewusstsein der Verbundenheit mit den Mitgliedern der Loge.

Der Geselle erfährt Brüderlichkeit schon bei seiner Beförderung, die er mit klarem Blick erlebt.

Er erlebt dieses Ereignis nicht alleine, sondern gemeinsam mit Lehrlingen aus seiner Lehrzeit.

Die Arme der Gesellen sind entblößt, damit sie sich erinnern, dass sie „die Ärmel aufkrempeln", und sie nichts an ihrer Arbeit hindern soll.

Die Hände der Lehrlinge werden kettenweise ineinander verschlungen als Symbol dafür, dass die Einigkeit der Freimaurer die Grundfeste des Bundes ist.

All dies kumuliert im Meistergrad, der dem Meister klare Verpflichtungen aufgibt, die er innerhalb und außerhalb der Loge nicht nur beherzigt, sondern in seinem Verhalten an die Lehrlinge und Gesellen weitergibt. Ebenso handelt er mit Menschen, die ihm im profanen, im alltäglichen Leben, begegnen. Auch dort handelt er nach den gleichen Wertmaßstäben.

- *Die Bereitschaft mit dem Bruder alle Wege zu teilen.*
- *Das Wertschätzen dessen, was dem Bruder wichtig und heilig ist.*
- *Den Willen den Anderen als Bruder oder Schwester immer zu achten.*
- *Die Fähigkeit Freud und Leid mit seinem Bruder oder Schwester zu teilen.*
- *Die Energie seinen Bruder oder Schwester gegen alle Angriffe zu verteidigen.*

Auch dieser von Freimaurern verinnerlichter Grundsatz, ist Teil des Handelns des Freimaurers im Leben.

Er erfüllt auch damit den Anspruch:

„Handle nur nach derjenigen Maxime, durch die du zugleich wollen kannst, dass sie ein allgemeines Gesetz werde."

TOLERANZ

In vielen Bereichen des Lebens wird heute Toleranz eingefordert. Wissen wir eigentlich (noch) was das ist?

Was ist Toleranz?

In der reinen Wortübersetzung wäre Toleranz die Duldsamkeit gegenüber anderen Überzeugungen als der eigenen. Das ist keine Akzeptanz, d. h. keine Annahme einer fremden Ansicht, die man nicht teilt.

Toleranz sollte die Fähigkeit beinhalten eine Ansicht, eine Meinung, eine Sitte oder Handlungsweisen unkommentiert geschehen zu lassen, selbst wenn man der Ansicht ist, das die Handlung des Anderen eine „schlechte Handlungsweise" ist. Man sollte es zulassen, ertragen können.

So wird aus Duldung Anerkennung und schließlich Gleichberechtigung.

Was sagt das dem Freimaurer?

In der Symbolik der Loge finden sich die Gegensätze von Hell und Dunkel, Licht und Schatten, in mehrfacher Hinsicht.

Die Loge wird zwischen den Symbolen für

In ihm ist Stärke! und *Ich werde aufrichten!*

betreten.

Das sind Gegensätze, die er erst einmal erkennen muss und die sich erst später ergänzend zusammenfügen.

Diese Gegensätze lernt der Lehrling kennen und muss akzeptieren, dass es sie gibt.

So wie er sich selbst darauf einstellt, dass nicht alles im Leben gleichförmig verläuft und er mit Rückschlägen rechnen muss, so muss ihm klar werden, dass auch Sachen und Menschen widersprüchlich sein können.
Er selbst wird das eine oder andere Mal widersprüchlich sein. Dies schon deshalb, weil er auf Grund seines ständig wachsenden Wissens alte Positionen aufgeben, und seine Grundsätze hinterfragen und entsprechend verändern muss.

Der Geselle lernt auf seinen Reisen Dinge kennen, die sich von denen innerhalb seiner Loge stark unterscheiden.

Er lernt, dass „viele Wege nach Rom führen" Fremde Wege und Möglichkeiten anderen Denkens muss er kennenlernen und verstehen, dass sein Weg nur eine unter vielen Möglichkeiten ist.

Der Meister schließlich wird existenziell bedroht. Er muss (s)einen > symbolischen < Tod erdulden, um wirklich zu leben, um ein anderes Leben zu führen.
Ohne die Akzeptanz und die Auseinandersetzung mit Widersprüchen ist keine Weiterentwicklung möglich.

Von der These zur Antithese um eine Synthese zu erreichen.

HUMANITÄT

Es ist ein Wort für „Menschlichkeit".
Es geht dabei um eine gute und ebenso richtige Haltung des Menschen, hauptsächlich anderen Menschen gegenüber..

Die Weltanschauung die das zu fassen versucht, ist Humanismus.

Menschenliebe, Barmherzigkeit und Mitgefühl, zusammengefasst Empathie, sind die wesentliche Bestandteile des Humanismus.
Es ist ein Kulminationspunkt von Freiheit, Gleichheit und Brüderlichkeit und setzt Toleranz gegenüber den Mitmenschen, genauso wie Achtung vor Tieren und der Natur voraus.

Was sagt das dem Freimaurer?

Der Suchende wird bereits in der „Kammer der verlorenen Schritte" durch ein Symbol, das gleichzeitig die „Ernte des Lebens", wie die möglichen „Reste des Lebens" aufzeigt, konfrontiert.
Die Ernte des Lebens kann umfangreich sein, von der nicht nur wir selbst, sondern auch die, die nach uns kommen, zehren können.
Oder es bleibt nur „leeres Stroh", das wir Zeitlebens gedroschen hätten
In einem Symbol des Gesellen wird vor Augen geführt, was den Erfolg unserer Arbeit ausmachen kann.
Wir haben viel durch unsere Arbeit erhalten und sind dadurch in der Lage mehr zu geben, als wir empfangen haben.

Schließlich gelingt es dem Meister zwei wesentliche Dinge in einem Zeichen zu vereinen:

Das Symbol der Rechtschaffenheit in unserer täglichen Arbeit, unserem profanen Wirken, mit dem Sinnbild der allumfassenden Menschenliebe, die jeden Maurer erfüllen sollte.

Die Verbindung des materiellen mit dem geistigen Streben wird in der Verschiedenheit dieses Symbols für jeden Grad bekannt und ist ein Zeichen der stetigen Entwicklung und Verbesserung der Arbeit des Maurers.

Bei Laotse findet sich im *„TaoTeKing"* eine, nach meiner Meinung, treffende Beschreibung dessen, was einen Meistermaurer ausmacht, ausmachen sollte:

Vom Weisen
Wer andere kennt ist klug
wer sich selbst kennt ist weise
Wer andere überwindet ist stark
wer sich selbst überwindet ist mächtig
Wer genügsam ist, der ist reich
wer beharrlich ist, der ist ausdauernd
wer seine Mitte nicht verliert, der dauert
Wer stirbt, doch nicht vergeht
lebt in ewiger Gegenwart

Ich finde, dass sich hier die These aus Lessing's Freimaurergesprächen zwischen Ernst und Falk die Aussage: *Die Freimaurerei war immer* in besonderer Weise bestätigt.

Über kontinentale und ethnische Grenzen hinweg haben die Denker die Essenz der Erkenntnis erfasst und formuliert.

Nachdem anhand der Symbole die Inhalte erklärt sind, fragt man sich:

Was bringt das Ganze?

Wo nach streben Freimaurer und wo ist das erklärt?

Eng damit verbunden sind die Fragen,

ob Freimaurer in diesen Regeln einig sind?

Handeln Freimaurer nach diesen Prinzipien, oder wird bewusst dagegen verstoßen?

Wird diese Lebenshaltung geschult wird und welcher Mittel bedient man sich?

Schließlich: Warum wird die Arbeit und werden die Mittel dazu geheim gehalten?

Worin besteht den eigentlich die Herausforderung des 3. Jahrtausends?

Was ist das Ziel der Freimaurer?

Um diese Frage zu beantworten, muss man zunächst feststellen, dass es

die Freimaurerei, so wie sie die Öffentlichkeit wahrnimmt, überhaupt nicht gibt.

Sicher, es gibt einen „Rahmen", der durch die „Alten Pflichten" weitgehend vorgegeben ist, aber das „weitgehend", zeigt an, dass selbst die „Alten Pflichten" nicht in vollem Umfang eingehalten werden (konnten).

Gehandicapte Menschen, Farbige, die zur Zeit der Erstellung der Alten Pflichten meist Sklaven waren, konnten zum Zeitpunkt der Niederschrift ebenso wenig dem Bund beitreten, wie Frauen die Möglichkeit der Initiation verweigert, und jüdische Mitbürger viele Jahre in einer Loge nicht zugelassen wurden.
Die aus dem 18. Jahrhundert stammenden Vorstellungen und das Verhältnis zur Religion und den damit im Zusammenhang stehenden Symbolen und Metaphern haben sich sehr stark verändert. Solche Veränderungen ergaben sich nicht abrupt, sondern sind landesspezifische Entwicklungen, die sich häufig erst im Laufe mehrerer Jahre eingestellt haben.

Das ist ein Grund dafür, dass es weltweit wohl sehr „ähnliche", aber keine einheitlich gleichen Logen gibt.
Unterschiedlichen Logen enthalten unterschiedliche Einrichtungen, weisen unterschiedliche Arbeitsteppiche aus, arbeiten nach verschiedenen Ritualen, ja selbst die „Kleiderordnung" kann von Obedienz zu Obedienz, von Land zu Land differieren.

Geht man in Europa, vor allem in Österreich und in Deutschland sehr diskret mit der Mitgliedschaft in einer Loge um und achtet stets auf genügende „Deckung", gehört es in England und besonders in Frankreich geradezu zum „guten Ton" nicht nur gesellschaftlich, sondern vor allem politisch als Freimaurer aktiv und gestaltend in der Gesellschaft aufzutreten.

Als außereuropäische Freimaurer sollen an dieser Stelle nur die amerikanischen Brüder erwähnt werden, für die die Zugehörigkeit zur Freimaurerei ein wesentlicher Teil des Lebens ist.
Zur „Vita" jeder Führungskraft gehört die Bekanntgabe der Mitgliedsschaft und die öffentlichen Darstellung als Freimaurer bei allen sich bietenden Gelegenheiten.
Der Übersicht halber wurden hier auch nur die Erkenntnisse innerhalb der deutschsprachigen Freimaurerlandschaft, und selbst die nicht vollständig, aufgearbeitet.

Soweit erlebt und erkannt sind die Erfahrungen, Problemstellungen, Hoffnungen und Anforderungen einander sehr ähnlich.
Es gibt mehr oder weniger starke Nuancen, innerhalb und außerhalb des deutschsprachigen Raumes.

Welcher Sinn liegt in der Arbeit von Freimaurern?

Die Zielsetzung ist in den – unterschiedlichen - Ritualen der Obedienz zu finden, der die jeweilige Loge angehört.

Bei der „Großen Landesloge von Deutschland" (Freimaurer Orden) handelt es sich um eine christlich ausgerichtete Variante der Freimaurerei.

Während man in den „Alten Pflichten", Freimaurer bloß

„zu der Religion zu verpflichtet, in welcher alle Menschen übereinstimmen und jedem seine besondere Meinung zu lassen",

erwartet der Freimaurer Orden, dass der Freimaurer Jesus Christus als „Obermeister" anerkennt und sein Leben nach dessen Lehre ausrichtet.
Zugehörigkeit zu einer Kirche wird nicht verlangt, allerdings das „Bekenntnis zur Lehre Jesu Christi, wie sie in der Heiligen Schrift enthalten ist"

Unter diesem Geist sind die Forderungen nach den Pflichten des Freimaurers zu sehen:
Die Laster zu fliehen und der Tugend nachzustreben
Laster:　　*Treulosigkeit, Verleumdung, Unmäßigkeit und Hochmut.*
Tugend:　　*Verschwiegenheit, Vorsicht, Mäßigkeit und*
.　　　　　　　*Barmherzigkeit.*

Dieser Zweig der Freimaurerei legt in erster Linie Wert darauf, dass der Bruder sein Leben an den Möglichkeiten, abhängig von Geschäft, Beruf, sozialer Stellung, Familie und Freundeskreis ausrichtet.

Der Auftrag, dass er sich an den „Umständen" ausrichten soll, ist ein Hinweis auf eine von ihm geforderte Demut im Leben.
Der Mensch muss, nach den Vorgaben dieser Obedienz, in seinem Leben eine sittliche Weltordnung erkennen lernen und diese Weltordnung als eine

„göttliche und ewige"

für sich selbst als voll gültig anerkennen.

Er muß sich ihren Forderungen ergeben, ihren Inhalt zu seiner andern Natur, zu einem eisernen Bestand seines ganzen Wesens machen.

Das ist die dort verstandene maurerische Aufgabe:
Eine Wanderung durch das „irdische Tal", die gelöst werden muß.

Dadurch würde ihm ein „beseligenden Frieden der Seele" gewährt.
Für die Lösung dieser Aufgabe, wird ihm jenseitiger Lohn versprochen.

Unterstellt man Konkurrenz zur Kirche oder bezeichnet sie als „Ersatzreligion", scheint der Vorwurf bei derartigen Vorgaben zuzutreffen.

Den Aussagen der „Alten Pflichten" wird, wenn man die Festlegung auf Jesus Christus betrachtet, zuwider gehandelt.

Es wird eine Position bezogen, die den christlichen Kirchen vorbehalten ist.
Die Vorwürfe der katholischen Kirche treffen, nach meiner Einschätzung, zumindest bei dieser Obedienz, zu.

Im Freimaurer-Lexikon, Lennhoff-Posner, Ausgabe von 1932 , Seite 1157, heißt es unter dem Stichwort Orden u. a.:
In den humanitären Systemen Deutschlands und in der übrigen deutschsprachigen Freimaurerei wird dagegen das Wort „Orden" vermieden, weil es den Grundlagen der Freimaurerbruderschaft und ihrer Ableitung aus den Bauhüttenbruderschaften nicht entspricht. Die Freimaurerei als Ganzes ist daher kein Orden, dagegen gibt es Orden innerhalb der Freimaurerei.

Es bleibt unklar, wie durch die rituelle Arbeit innerhalb der Loge ein jenseitiges, und im Übrigen nicht definiertes, Ziel erreicht werden soll.

Das Ritual derjenigen Freimaurer, die nach dem AFAM Ritual arbeiten scheint auf den ersten Blick konkreter zu sein.

Die Frage nach dem „Sinn der *rituellen* Arbeit" wird dort so beantwortet:

Geistige Entfaltung und Entwicklung einer sittlichen Lebenshaltung Das Ziel der Maurerei ist die innere Wandlung und geistige Entfaltung des Menschen.

Ergänzend wird in den Erläuterungen hinzugefügt, dass:

von allen auf der Erde lebenden Wesen der Mensch alleine imstande ist, seine Fehler und Irrtümer zu erkennen und zu beseitigen.

Er allein kann an der Entwicklung seiner guten Anlagen arbeiten

Das setzt für Freimaurer voraus, dass die rituellen Arbeiten mit ihren Inhalten, d. h. den darin verborgenen symbolischen Inhalte, verstanden und begriffen werden.
Ich habe starke Zweifel daran, dass die symbolischen Inhalte des Rituals wirklich von allen verstanden werden, weil ich – aus eigener Erfahrung – weiß, dass die symbolischen Inhalte schon lange nicht mehr in vollem Umfang mitgeteilt oder erarbeitet werden, sondern verloren zu gehen scheinen.

Wie anders ist die Aussage eines AFuAM-Meisterbruders zu verstehen, der auf seine Web-Site[36] unter dem Titel:
„Das Ritual in der Freimaurerei" u.a. folgendes sagt:
.........*Das ich das Meisterritual hier ausdrücklich ausnehme, hat nichts mit der Performance des Rituals, die sicherlich gegeben ist, zu tun. Sondern eher mit meiner Einstellung zu den für mich vorhandenen religiösen Inhalten und den dafür fehlenden notwendigen Botschaften, die dort leider nach meiner Meinung nicht vermittelt werden.*

Sowohl über den religiösen Inhalte oder seine Bezüge mag man diskutieren, aber im Ritual sind Botschaften erkennbar vorhanden. Vielleicht besteht die Schwierigkeit des Erkennens darin, dass man sie sich selbst erarbeiten muss und bestenfalls Hinweise, aber keine vorgefertigten Gebrauchsmuster – Antworten findet.

Aus diesem Grund ist die Frage nach der „Symbolfähigkeit" eines Suchenden so überaus wichtig.
Wer sich mit Symbolinhalten nicht beschäftigen kann oder will, wird vermutlich in der Freimaurerei keine wirkliche Heimat finden.

Das AFAM;-Ritual fragt weiter wodurch sich ein Freimaurer im Leben von anderen Menschen unterscheiden soll.

Kann ein Mensch, der Symbole schwer deuten kann oder vielleicht nicht versteht, mit der Antwort der *winkelrechten Lebensführung*, etwas Konkretes anfangen, und in seinem Leben entsprechend einordnen?

Dass sich jemand *von der Sklaverei der Vorurteile befreite Gedanken* hat, scheint leichter zu verstehen zu sein?

Der Aufforderung zur *echten Freundschaft zu seinen Brüdern* wird jeder, der einem Club Gleichgesinnter angehört, gerne folgen.
Aber benötigt er dazu das Freimaurergeheimnis mit seiner Verschwiegenheit, den Schwüren, der Logen und einen Tempel?

Es stellt sich die Frage, wie der „weltumspannende Bund der Freimaurer" gemeint ist?

Handelt es sich um einen Bund für ausschließlich Gleichgesinnte, die ihre Freundschaft pflegen und damit ein Netzwerk zu eigenen Gunsten aufbauen?

Baut man am „Tempel der Humanität" – für ALLE Menschen, oder nur für einen ausgesuchten Kreis?

Das „Handbuch des Freimaurers" von der
FORSCHUNGSGRUPPE ALPINA
LAUSANNE, der Schweizerischen Großloge Alpina formuliert und
behandelt die Frage wozu Freimaurerei dient, dienen soll, etwas
weiter gefasst:

*Ohne Zweifel dazu, den Eingeweihten zu vervollkommnen und
einen besseren Menschen aus ihm zu machen, aber auch um alle
Menschen (gemäß der spezifisch freimaurerischen «utopischen»
Hoffnung) zu Brüdern werden zu lassen. Dieserart ist das Symbol
des idealen Tempels der Menschheit, versinnbildlicht durch den
Salomonischen Tempel, zu verstehen.*

Der Weg zu diesem Ziel ist in diesem Handbuch als sehr vielfältig
beschrieben und wird dort mit zwei für die meisten Rituale
geltenden Grundmerkmalen erreicht:

*..............Die symbolischen und rituellen Elemente des Rituals
oder des betreffenden Systems, die seine Struktur definieren, wie
z. B. die Anordnung des Tempels und der Kolonnen, der Platz der
Beamten, rituelle Wörter oder Passwörter u. a..
Dabei handelt es sich um einen wesentlichen Teil des Systems.
Die philosophischen, religiösen und sozialen Einflüsse, die das
System beinhaltet und die abhängig sind von der jeweiligen
Person oder den Personen, die es entworfen haben, oder vom
Land und der Obedienz, in deren Umfeld es sich entwickelt hat* [37.]

Im Ritual nach Friedrich Ludwig Schroeder [38] heißt zu der Aufgabe
des und der Freimaurer, relativ ausführlich:

*Freimaurer wollen die Wahrheit erforschen – vor allem über sich
selbst, Irrtümer aufdecken und Vorurteile überwinden. Wir sollten
uns in ständiger Selbstübung zu aufgeklärten und
verantwortungsbewussten Menschen bilden.*

*Dass verstehen wir unter der Arbeit am großen Bau der
Menschheit, und das ist bei uns seit Jahrhunderten so.*

*Sie suchen nun mit uns gemeinsam nichts anderes als die
Schätze des Geistes und des Herzens und keine andere Würde
als diejenige, die ein Mensch sich selbst zu geben vermag.*

Was wir sonst sind und suchen und glauben und haben, lassen wir vor der Tür unserer Versammlung zurück.

Ein sehr umfassender Auftrag und ein Selbstverständnis, das vor dem Hintergrund der oben ausführlich erläuterten Ritualinhalte verständlich und umsetzbar erscheint.

Das für Freimaurer notwendige Wissen wird, auch, durch Werklehren vermittelt. Als Werklehre bezeichnet man die Zusammenfassung der Lehrinhalte, der Rituale, der Symbolik und des Brauchtums bestimmter Grade.

Diese Lehrinhalte werden größtenteils durch die Großlogen konzipiert und vorgelegt.
Die Inhalte finden sich als Fragenkataloge, in Katechismen des jeweiligen Grades und werden in Logen zur Schulung von Lehrlingen, Gesellen, aber auch von Meistern, verwendet

Die Werklehre nach Scherpe [40] orientiert sich an der Symbolik und den Logenordnungen der Großloge AF und AM in Deutschland der späten 70er Jahre des 20.Jahrhunderts

Im rituellen Dialog zwischen dem Meister vom Stuhl und den beiden Aufsehern wird die Frage erörtert, was diese Lehrart ihren Mitgliedern zu vermitteln sucht, um den ethischen Anforderungen der Freimaurerei gerecht zu werden.

Die Orientierung an einem unerkennbaren Prinzip, das unserer Welt zugrunde liegt, wird als Prämisse fixiert.
Daran schließt sich die Frage an, wie ein Prinzip, das dem Menschen unerkennbar ist, respektiert werden kann.
Das Wechselgespräch führt zu der Erkenntnis, dass diese Frage letzten Endes nicht zu beantworten ist.
Was bleibt ist, dass der Mensch angesichts dieses Unwissens sich selbst die Antwort geben muss.
Die Ausrichtung des persönlichen Lebens an dem unerkennbaren, aber respektierten Prinzips, ist als „Königliche Kunst", die Quintessenz jeder Werklehre.

In diesem Segment des Rituals wird deutlich, dass das Ziel der Arbeit sich auf das *Hier* und *Jetzt* bezieht.

Die Arbeiten der Freimaurer dienen einzig dem Zweck, die eigene Persönlichkeit zu erkennen, damit eine Ausrichtung an dem individuell erkannten Prinzip möglich wird.

Auch die weibliche Freimaurerei orientiert sich danach:

Die feminine Loge Accacia [41] drückt dies so aus:

Wir versammeln uns in unseren Tempeln, um unsere Leidenschaften und unsere Habgier zu zügeln, um uns über die niedrigen Interessen, welche die profane Welt peinigen, zu erheben, um die Glut unserer negativen Begierden einzudämmen.

Wir arbeiten ununterbrochen an unserer Vervollkommnung – aber diese Arbeit ist hart und erfordert Opfer, die Sie erbringen müssen, wenn Sie als Freimaurerin bei uns aufgenommen werden wollen.
....
Der Freimaurerorden ist ein eigenständiger Bund. Er entnimmt seine Prinzipien der Vernunft. Er ist weltumspannend. Er lässt jedem seine Glaubensfreiheit.
Damit befreit er sich von jeder Bevormundung.
Er setzt der Suche nach Wahrheit keine Grenzen.

Alle diese rituellen Instruktionen, Appelle, Ermahnungen fordern Freimaurer jedes Mal aufs Neue auf, an sich selbst zu arbeiten.

Seit mindestens 1717, und wer weiß, ob es nicht schon vorher vergleichbare Aufforderungen gegeben hat, werden Menschen, die sich den Idealen des Bundes der Freimaurer verschrieben haben, aufgefordert sich selbst zu verbessern, um die Welt zu verbessern.

Der Anspruch: *Take Good Men and Make Them Better*
den englischsprachige Freimaurer als Maxime für sich erhoben
haben, könnte den Eindruck erwecken, als lebten Freimaurer
außerhalb der profanen Welt.

Das ist nicht der Fall!

Eine Antwort auf die Frage, welchen Zweck die Arbeit von
Freimaurern haben könnte und was sie außer „persönlicher
Veredlung" erreichen möchten, zeigt sich im Ritual einer nach
schottischen Ritus, gemischt, also Männer und Frauen,
arbeitenden Loge:

Der Sinn freimaurerischer Arbeit wird in der Aufgabe gesehen:

> *dem Menschen seinen richtigen Platz im*
> *Weltenplan zuzuweisen.*

Selbsterkenntnis ist nicht nur die Fähigkeit über sich selbst im
Klaren zu sein, sondern auch zu erkennen, welche Aufgaben das
Leben stellt.
Wer seine Lebensaufgabe erkennt, wird begreifen, wo und wie er
diesen Auftrag zu erledigen hat – und sollte sich zumindest am
„richtigen Platz" darum bemühen, sonst kann sein Leben
orientierungslos bleiben.

In einem der „heiligen Bücher", der Bibel, wird gesagt, dass der
Mensch nicht nur „vom Brot alleine" lebt.
Er beschäftigt sich nach Befriedung seiner materiellen Bedürfnisse
auch damit, die Ursache seiner Existenz zu ergründen.
Der denkende, suchende Mensch stellt sich, über die weltliche,
alltägliche und profane Aufgabenstellungen hinaus, die Frage
nach dem Sinn seines Woher und Wohin – die Frage nach dem
Transzendenten.

Religionen und Religionsgemeinschaften unterschiedlichster Arten
Und Richtungen versuchen diese Fragen, seit langem, mit
eigenen Ideologien, zu beantworten.

Am Beispiel der „abrahamitischen Religionen" : Juden, Christen
und Moslems werden die „eigenen Ideologien", trotz gemeinsamer
Wurzeln, deutlich erkennbar.

Prüft man Religionsgeschichte – weltweit – auf vergleichbare ethische Werte und Anforderungen, ist man angesichts der Gemeinsamkeiten über die Argumente des Trennenden mehr als überrascht.

Die Loge beschäftigt sich nicht mit der Frage nach den Religionen – aber die Kenntnisse der gemeinsamen, gleichen Wurzeln können Toleranz, Humanität und Brüderlichkeit aller Menschen fördern.
Deshalb sieht man in diesem „schottischen Ritual" die freimaurerische Aufgabe darin:

die uralten Wahrheiten welche die Basis aller großen Religionen sind aus ihrer Erniedrigung zu befreien, und schließlich die fundamentale Einheit aus der sie alle entsprungen sind, aufzudecken.

Dies ist, für mich, ein Ausgang aus dem „geistigen Ghetto", in das sich die Freimaurerei selbst seit langem eingeschlossen hat.

Innerhalb der Logen werden Rituale zelebriert, deren Inhalte Viele oft nicht mehr verstehen.
Das Bestreben mancher Freimaurer, sich von „alten Zöpfen" zu Befreien hat dazu geführt, dass Rituale so „modernisiert" wurden, dass von seinen Symbolinhalten wenig übrig blieb.
Deshalb werden Fragen nach Symbolinhalten auch nicht mehr gestellt.

In der Folge wollen einige wissen, warum man überhaupt mit Symbolen arbeiten soll?

Es scheint widersprüchlich zu sein:

Einerseits will der „forschende, aufklärerische Geist" sich nicht mehr mit Symbolen, als etwas „längst überflüssiges" beschäftigen.
Andererseits wird auch innerhalb der Logen mit rationalem Vorgehen versucht, das Transzendente zu erfassen.

Man arbeitet mit Ritualen, die oftmals nicht in der Lage sind, Freimaurer in ihrem Inneren, auf ihr Gefühl, anzusprechen.

Das „Verinnerlichen" dessen, was Freimaurerei ausmacht, geht nach und nach verloren – die Arbeiten werden als schal und inhaltsleer empfunden, oder wie es ein Meister vom Stuhl einer AFAM-Loge nannte, es ist nur noch

„Humanismus mit Verkleiden".

Gibt es (noch) eine Chance das zu verändern – die Freimaurerei erfolgreich zu machen?

Ich denke JA!

Unter der Überschrift >>Ausblicke in die Zukunft<< schreibt der französische Kenner der Freimaurerei, der aber selbst kein Freimaurer ist, Alec Mellor, in „Logen, Rituale, Hochgrade" [39] im Zusammenhang mit einer vermuteten Konkurrenz zur katholischen Kirche:
Die Zukunft der Freimaurerei liegt anderswo:

Sie liegt in ihren Symbolen.

Gewiss, diese Symbole können in einem Geist konkurrierender Spiritualität ausgelegt werden, aber das gilt für alles menschliche Tun und Denken.
Ihrem Wesen nach sind Symbole keine Dogmen.

Aus diesem Grund, und wenn keine vorgefasste feindselige Einstellung vorliegt, können sie sich nicht gegen das Dogma stellen. Ihr wahrer Reichtum ist philosophischen, nicht theologischen Charakters.

Interpretiert man den „philosophischen Charakter" der freimaurerischen Symbole als die Suche nach den darin liegenden Weisheiten, wäre das ein Weg, Freimaurer für die vor ihnen liegenden Aufgaben zu stärken und zu konditionieren.

Was ist also zu tun?

Ich möchte, ehe der Versuch einer Erklärung bzw. einen Vorschlag zu unterbreiten, wie Lösungen aussehen könnte, auf folgenden Aspekt hinweisen:

War die Vergangenheit von der Unterschiedlichkeit der Menschen, der Völker und Kulturen geprägt, stellt sich heute eine immer stärker werdende Angleichung der Lebensweisen der Menschen ein.

Sicher, es gibt nach wie vor erhebliche Unterschiede von Land zu Land, von Kontinent zu Kontinent – aber gleichzeitig schwinden die Unterschiede mit jedem Tag, jedem Jahr, die Welt wird sich in vielem immer ähnlicher.
Mir scheint, als kämen wir einem „globalem Bewusstsein" näher.

Auch wenn manche genau das befürchten, sollten die Menschen eines nicht vergessen, was Carl Sagan schon in den 90er Jahren des letzten Jahrhunderts erkannt und in seinem Buch „The Blue Pale Dot" beschrieben hat:

Blauer Punkt im All. Unsere Heimat Universum
Von diesem entfernten Aussichtspunkt aus erscheint die Erde nicht von besonderer Bedeutung.
Aber für uns ist es anders.
Betrachte diesen Punkt.
Das ist hier.   Das ist unsere Heimat.   Das sind wir.
Auf diesem Punkt befindet sich jeder den Du liebst, jeder den Du kennst, jeder von dem Du jemals gehört hast.

Voyager 1 - http://visibleearth.nasa.gov/view_rec.php?id=601
Unsere Erde, ein kleiner blauer Punkt im All.
Pale Blue Dot, dies ist der Name eines Fotos unserer Erde. Entstanden ist diese Aufnahme, am 14. Februar 1990. Aufgenommen wurde es von der Raumsonde Voyager 1 aus einer Entfernung von etwa 6,4 Milliarden Kilometern, der größten Distanz, aus der jemals ein Foto der Erde gemacht wurde.

….Die Erde ist eine winzig kleine Bühne in einer riesigen kosmischen Arena. Bedenke die Ströme aus Blut, vergossen von Generälen und Herrschern, damit sie, ehr- und ruhmreich, für einen Moment Herr eines kleinen Bruchteils eines Punktes werden konnten.

Bedenke die endlosen Grausamkeiten, die den Bewohnern einer Seite von den kaum zu unterscheidenden Bewohnern einer anderen Seite dieses Pixels angetan wurden, wie zahlreich ihre Missverständnisse sind, wie eifrig sie sich gegenseitig töten, wie glühend ihr Hass sein kann.

........Für mich unterstreicht es unsere Verantwortung, freundlicher miteinander umzugehen und diesen kleinen blauen Punkt zu schätzen und zu bewahren – das einzige Zuhause das wir jemals hatten.
Carl Sagan, Physiker (1934-1996)

Auf diesem „kleinen blauen Punkt im Weltall" wird der Verfall der Werte beklagt.

Die Religionen, die bis zur Aufklärung den Menschen Richtungen aufgezeigt haben, sind für einen ständig größer werdenden Teil der Menschheit längst keine Wegweiser mehr.

Obwohl sie häufig über gleiche Wurzeln verfügen, versuchen viele Religionsgemeinschaften ihren absolutistischen Weg den Menschen als den einzig wahren Weg zu verkaufen.

Man bedient sich – immer noch – der Mittel wechselseitiger „Verteufelung" und legitimiert damit Gewalt gegen Menschen und Sachen.

Wirtschaftliche oder politische Ideologien bedienen sich der gleichen Instrumentarien und polarisieren die Welt damit zusätzlich.

Wer wird der Verantwortung auf diesem Planeten und den darauf lebenden Menschen freundlich umzugehen gerecht – ohne zu indoktrinieren?
Wäre es nicht vernünftig nach einem System zu arbeiten, dass alle Menschen, ungeachtet ihrer persönlichen Orientierungen, anerkennt?
Ein System, das Menschen unabhängig von Hautfarbe, Religion, politischer Richtung oder sexueller Präferenz gleichwertig akzeptiert?.

Ist es nicht an der Zeit die Freimaurerei als ein solches Wertesystem in das Bewusstsein ALLER Menschen zu rücken?

Freimaurerei könnte eine Universallösung für viele Probleme der Gesellschaften des 3. Jahrtausends sein.

Einer der freimaurerischen Vordenker, Josef Schauberger, legte in seinem „Vergleichenden Handbuch der Freimaurerei, Band 1, [48]1861 folgende Gedankengänge offen:

..........Insoweit die Ideen und die Grundsätze der Freimaurerei wahr sind, müssen die in dem gesamten Leben der ;Menschen und der Völker erkennbar sein, dort ihre Geschichte haben, weil, wie der Naturwelt, dem Weltall, so auch der Menschenwelt, überall nur die selben großen Gesetze zu Grunde liegen und liegen können.

Das Leben des Menschen und der Menschen, d. h. der Menschen, Völker oder Staaten, hat nur ein und dasselbe Ziel, nur ein und dasselbe Gesetz, wenn sie äußerlich auch noch so verschieden und abweichend erscheinen mögen;

Wer daher das Leben verstehen will, muss in dem Verschiedenen die Einheit, in dem Wechselnden das Bleibende aufsuchen und nachweisen.

Hat also die Freimaurerei die Aufgabe, den Menschen als Menschen zu bilden und alle Menschen als Kinder des einen großen Gottes anzuerkennen, zu achten und zu lieben, so muss das Leben der Völker und Staaten, der Menschheit dieselbe Aufgabe haben;

Die Gesetze, wonach die Freimaurer unter sich zu leben haben, müssen auch die Gesetze sein, nach welchem die Völker und Staaten ihr eigenes Leben einrichten.

Damit hat Josef Schauberger, nach meiner Auffassung, eine Zielvorstellung formuliert, die zu seiner Zeit, und leider bis heute vielen „phantastisch" – im Sinn von nicht realisierbar – vorkommt.

Die darin steckende Vision nimmt mehr als 100 Jahre vor Carel Sagan dessen Gedanken vorweg, der 1996 [49] den „blassblauen Punkt" so erklärt hatte:

Jeder Mensch der jemals gelebt hat, lebte auf diesem Punkt.

Die Gesamtheit unserer Freude, unseres Leidens, tausende von Religionen, Ideologien und Wirtschaftssysteme, jeder Jäger und Sammler, jeder Held und Feigling, jeder Schöpfer und Zerstörer der Zivilisation, jeder König und Bauer, jedes junge Liebespaar, jede Mutter und Vater, hoffnungsvolles Kind, jeder Erfinder und Entdecker, jeder Moralprediger und jeder korrupte Politiker, jeder "Superstar", jeder "Oberste Führer", jeder Heilige und jeder Sünder in der Geschichte der Menschheit lebte dort – auf diesem in einem Sonnenstrahl schwebenden Staubkörnchen.

Der Sinn freimaurerischer Arbeit, nach dem „schottischen Ritual", enthält unter diesem Blickwinkel eine Komponente, die freimaurerisches Arbeiten aus dem Theoretischen in das Praktische, das Alltägliche stellt:

......dem Menschen seinen richtigen Platz im Weltenplan zuzuweisen

Wem die Position unseres Planeten und die historische Beschränktheit vieler Menschen durch Betrachtung dieses Bildes, des Winzlings im Weltall, klar wird, kann erkennen, wie gering die eigene Wichtigkeit sein muss.

Auch den sich daraus ergebenden Konsequenzen, sollte ein Freimaurer HEUTE problemlos folgen können:

Wer daher das Leben verstehen will, muss in dem Verschiedenen die Einheit, in dem Wechselnden das Bleibende aufsuchen und nachweisen,

fordert bereits im Jahr 1861 Josef Schauberger in seinem Handbuch.

Das entspricht ziemlich genau dem, was die „Schotten" in ihrer Werklehre vor Schließung der Loge so ausdrücken:

.......die uralten Wahrheiten welche die Basis aller großen
Religionen sind
aus ihrer Erniedrigung zu befreien, und schließlich die
fundamentale Einheit,
aus der sie alle entsprungen sind, aufzudecken.

Freimaurer sollten heute, nach 3 Jahrhunderten erkennen, dass die Zeit der Beschäftigung mit den Wurzeln, das Schwelgen in eigener, oft glorifizierter, Historie und Gegenwart, endgültig beendet ist.

Es ist notwendig und sinnvoll die Grundlagen, die Symbole und Rituale nicht nur zu kennen, sondern sie zu beherrschen, zu begreifen um sie im tagtäglichen Leben entsprechend umzusetzen.

Das Schlimmste, was der Freimaurerei passieren kann und offensichtlich seit längerem im Gange ist, das Abgleiten in rein symbolische Handlungen.

Der Inhalt dieser Handlungen wird wegen des häufig fehlenden Symbolverständnisses nicht begriffen, und kann deshalb auch nicht verinnerlicht oder umgesetzt werden.

Darin scheint mir ein Missverständnis zwischen der „profanen Welt" und der Freimaurerei zu liegen.

Wenn Freimaurer schon nicht wissen, weshalb sie Mitglieder von Logen sind, wie soll jemand der nicht initiiert ist, verstehen, was der Sinn freimaurerischer Arbeit sein soll?

Das könnte eine Ursache für die zahlreichen Verschwörungstheorien im Zusammenhang mit Freimaurern zu sein.

Das Zurückziehen der Freimaurer auf ihr „freimaurerisches Geheimnis", das schon sehr lange kein Geheimnis mehr ist, bildet den Nährboden, auf dem Verschwörungstheorien zu Feindschaften mutieren können.

Fataler Weise fördern Freimaurer durch ihr Verhalten und ihre unzureichende Transparenz nach innen und außen, die Kräfte, die sie überwinden wollen.

Vielleicht ist das fehlende Eigenverständnis die Ursache dafür, dass die Freimaurerei ihre Ideale weder in der Vergangenheit, noch in der Gegenwart verwirklichen konnte?

Jetzt ist es an der Zeit, dass Freimaurer, die über Jahrhunderte erkannten und erarbeiteten Werte aus dem Nebel der Geheimnisse und der Symbole heraus zu holen.

Der Übergang von der Symbolik zur Realität lässt den wahren Wert der Dinge erkennen.

Aus rituellen, unbelebten Zeilen und altehrwürdigen Traditionen könnte die Unwissenheit der Menschen im Verständnis ihrer Wege, zu Wissen über ein Leben, das das Böse überwindet und zum Guten führt, werden.

Dazu sind Menschen, Meister/Innen notwendig, die sowohl die traditionelle, als auch die moderne Sprache verstehen und beherrschen.

Die traditionelle Sprache um allen Lehrlingen und Gesellen die Symbolik durch ihre Offenlegung, wie es in diesem Buch versucht wurde, darzulegen.

Die moderne Sprache, um Lehrlingen und Gesellen den Übergang der Symbolinhalte zur Realität möglich zu machen.

Freimaurerei ist das derzeitig einzig bekannte, weltumspannende Netzwerk das, trotz innerer Unterschiede, in der Lage ist, Unterschiede zwischen Menschen auszugleichen.

Wo sonst können sich Menschen der unterschiedlichsten Herkunft, politischer und religiöser Einstellung, sozialer oder wirtschaftlicher Eigenschaften auf gleicher Ebene begegnen und sich gegenseitig akzeptieren?
Wer jemals eine Nationen- und/oder über die verschiedenen Obedienzen übergreifende Zusammenkunft von Freimaurern erleben und die gegenseitige Herzlichkeit erfahren durfte, versteht, wie eine „Weltbruderkette" funktionieren kann.

DAS scheint der wirkliche Inhalt dessen zu sein, was in der Definition:

Freimaurer sind ein Initiationsbund, der versucht altes Wissen der Menschheit an Menschen, die dieses Wissen in ihrem Leben umsetzen wollen, weiter zu geben!

enthalten ist.

In der Kammer des stillen Nachdenkens erhielt der Neophyt folgenden Hinweis:

„VITRIOL"
Visita **I**nteriora **T**errae, **R**ectificando **I**nvenies **O**ccultum **L**apidem

Erforsche das Innere der Erde und du wirst, indem Du Dich läuterst, den okkulten Stein finden. [44]

Das „innere der Erde" ist das innerste des Menschen.

Die Läuterung ist das Befreien des Geistes von Vorurteilen.

Der okkulte Stein ist nicht der Stein der Weisen, wie die Alchemisten glaubten, sondern das Wissen um den eigenen, selbstbestimmten und selbst verantworteten Weg.

Dies ist der Auftrag an die wahren Meistermaurer, die Lehrlinge und Gesellen, die Menschheit zu dieser Erkenntnis zu bringen.

Damit könnte eine Welt ohne Grenzen, ohne Festlegung auf Dogmen eine Welt in Freiheit geschaffen werden, so, wie sie John Lennon beschrieben hat:

IMAGINE John Lennon

Imagine, thers's no heaven	Stell dir vorm es gibt den Himmel nicht
It's easy, if you try	Es ist ganz einfach, wenn du's nur versuchst
No hell below us	Keine Hölle unter uns
Above us only sky	Über uns nur das Firmament
Imagine all the people	Stell dir all die Menschen vor,
Living for today	Leben nur für diesen Tag

Imagine There's no countries	Stell dir vor es gäbe keine Länder
It isn't hard to do	Das ist nicht so schwer
Nothing to kill or die for	Nichts,wofür es sich zu töten oder sterben
…	lohnte
And no Religion to	Und auch keine Religion
Imagine all the people	Stell dir vor, all die Leute
Living Life in peace	Leben ihr Leben in Frieden
You may say I'm a dreamer	Vielleicht sagst du ich bin ein Träumer
But I'm not the only one	Aber ich bin nicht der Einzige
I hope someday you'll join us	Ich hoffe du wirst eines Tages einer von …
.	uns sein
And the world will be as one	Und die ganze Welt wird Eins sein

Imagine, no possessions	Stell dir vor, es gäbe keinen Besitz mehr
I wonder, if you can	Ich frag' mich, ob du das kannst
No need for greed or hunger	Keinen Grund für Habgier oder Hunger
A brotherhood of man	Eine Bruderschaft der Menschlichkeit
Imagine all the peoples	Stell dir all die Leute vor
Sharing all the world	Teilten sich die Welt, einfach so
You may say I'm a dreamer	Vielleicht sagst du ich bin ein Träumer
But I'm not the only one	Aber ich bin nicht der Einzige
I hope someday you'll join us	Ich hoffe du wirst eines Tages einer von …
.	uns sein

And the world will be as one

        Und die ganze Welt wird Eins sein

Ja, vielleicht bin ich ein „Träumer"!

Aber ich hoffe, nicht der Einzige zu sein.

Und ich weiß, eines Tages werden Alle zu uns gehören

Und die Welt wird endlich EINS sein.

Es geschehe also!

Werner J. Kraftsik

Danksagungen:

Ein herzliches Dankeschön an meinen Bürgen, Gerd Meyer, mit dem ich als Suchender, Lehrling, Geselle und Meister zahllose Gespräche führte, die mir den Weg in die Freimaurerei ebneten. Von ihm habe ich, als „Nordlicht" etwas gelernt: *Die wichtigen Dinge im Leben kann man auch auf „ gut pfälzisch" einfach erklären.*

Es waren die zahlreichen Brüder, in den letzten Jahren auch die Schwestern, die mir Hinweise, Anstöße und Widersprüche zum Nachdenken geliefert haben. Oft waren es die, die mich ablehnten, von denen ich am meisten lernte.

Danke den „Gründerväter" der Loge N.T.S. i.O. Köln-Bonn. Ihr habt mich nach längerer Logenabstinenz wie einen Bruder aufgenommen. Ich konnte seitdem mehr lernen, als in den Jahren zuvor.

Die Tatsache, dass ich heute in einer „gemischten Loge" arbeiten darf, sehe ich als großes Glück an. Wie hätte ich sonst erfahren können, welche Kraft in der weiblichen Freimaurerei steckt und ich hätte nie einen weiblichen Meister vom Stuhl kennengelernt, der mir den freimaurerischen Macho-Zahn gezogen hat. Danke Sr. Annika H.

Schließlich Danke an meine geliebte Jutta, die meine Ungeduld mit mir selbst sehr lange, sehr geduldig und manchmal leidend ertragen hat. Es ist nicht immer leicht mit einem Menschen zusammen zu leben, der mit dem Projekt, an dem er arbeitet, nie richtig zufrieden ist. Dadurch überträgt sich Ungeduld und manchmal auch Unzufriedenheit in das gemeinsame Leben. Da habe ich noch eine Menge an meinem rauen Stein zu arbeiten. Danke auch für deine Kritik mit dem Gegenlesen. Du bist sehr ehrlich, was ich oft nicht toll, aber am Ende richtig finde. Danke!

Quellenhinweise

1 Google Suchmaschine

2 Loge – Wikipedia *de.wikipedia.org/Wiki/Loge*

3 http://wwws.phil.uni-
passau.de/histhw/TutKrypto/tutorien/freimaurer.htm

4 http://www.freimaurer.org/index.php/ueber-die-vglvd

5 Internationales Freimaurerlexikon, Seite 945

6 Morals and Dogma, Albert Pike, Seite 8

7 http://www.kielerfreimaurer.de/

8 http://saeulenloge.de/

9 Rechtsgrundlagen Art.9,Abs. 1 GG, BGB §§ 21-54; BGB §§55-79;Vorschriften der freiwilligen Gerichtsbarkeit(FGG) sowie aus der Vereinsregisterordnung (VRV), zu beachten das Vereinsgesetz (VereinsG); ggf. AO,§ 51ff; u.U. Regelungen des Einkommenssteuergesetzes (EStG) , des Körperschaftssteuergesetzes (KStG) oder das Umsatzsteuergesetz (UStG).

10 http://www.minerva-zu-den-drei-palmen.de/wp/

11 http://www.freimaurerei.de/1890.0.html

12 http://www.freimaurerorden.de/index.php/der-orden

13 http://www.loge-koeln.de/

14 http://www.maz-online.de/Lokales/Potsdam/Frauen-erobern-Freimaurer-Loge   15 stellaluminis@freimaurerinnen.de

16 http://www.avant-garde.eu/index.html

17 http://www.timaios-westfalen.de/

18 http://de.wikipedia.org/Wiki/Grand_Orient_de_France

19 http://www.schottischerritus.de/

20 http://www.aasr.net/

21 http://www.afuamvd.de/

 22 http://www.3wk.org/

23 http://www.freimaurerorden.de/

24 http://www.freimaurerinnen.de/

25 http://www.droit-humain.org/deutschland/

26 http://www.freiemaurer.de/

27 https://mopo24.de/nachrichten/dresden-freimaurer-geheimnis-
nazis-ddr-6360

28 http://www.kn-online.de/Schleswig-Holstein/Aus-dem-
Land/Freimaurer-feiern-Jubilaeum-Fest-soll-Vorbehalte-abbauen

29 http://www.presseportal.de/pm/105735/2992294/-
menschlichkeit-fuer-ohr-und-auge-sinnliche-perspektiven-der-
koeniglichen-kunst

30 http://www.shz.de/schleswig-holstein/panorama/hinter-den-
mauern-der-freimaurer-id9437351.html
31 http://www.augsburger-allgemeine.de/augsburg/Das-
Geheimnis-der-Freimaurer-id33852727.html

32 Internationales Freimaurerlexikon von 1932, Lenhof/Posner
1104

33 Franz Carl Endres, Die Symbole des Freimaurers, Lennhof,
Posner, Internationales Freimaurer Lexikon Gottlieb Imhof, Kleine

Werklehre der Freimaurerei - 1. Das Buch des Lehrlings Dr. Jos. Schauberg, Vergleichendes Handbuch der Symbolik der Freimaurerei mit besonderer Rücksicht auf die Mythologien und Mysterien des Altertums

34 Die ethischen Werte im Ritual II, der Großloge A.F.u.A.M. von Deutschland, Akademie Forum Masonikum 2004

35 Ritual II der Großloge der Alten Freien und Angenommenen Maurer von Deutschland 1982, 3. Aufl. 1989

36 http://www.moderne-freimaurer.de/

37 Handbuch des Freimaurers Forschungsgruppe Alpina Lausanne 2. Auflage 2002, S. 119 ff.

38 Handschrift für Brüder Freimaurer, Schrödersches Ritual der GL AFuAM v. 1992

 39 Alec Mellor, Logen, Rituale, Hochgrade, Sonderdruck 1981

40 Das Unbekannte im Ritual / Handschrift für Brüder Freimaurer-Meister, Wolfgang Scherpe

41 AASR Feminin, Aufnahme 1. Grad , Juni 2002

42 *Jaap Mansfeld : Die Vorsokratiker. Band 1, Reclam, Stuttgart 1983*

43 *Immanuel Kant, Grundlegung zur Metaphysik,* Suhrkamp Verlag, Frankfurt 2007,

44 *Der Maurerische Weg zur Transzendenz, Universelle Initiatorische Tradition,Verlag SIGNA HOMINIS Lugano*

45 Platon, Gesammelte Schriften, Der Staat – Politeia

46 Descartes, Meditationen über die Grundlagen der Philosophie

47 Kant: Kritik der reinen Vernunft, Kritik der praktischen Vernunft, Kritik der Urteilskraft

48 Vergleichendes Handbuch der Freimaurerei ,Band 1, Schauberger, 1861

49 Pale Blue Dot: Vision of the Human Future in Space – Carl Sagan9. Mai 1996

50 Werklehre vor Schließung der Loge, Ritual I,II, III, NTS i.O. Köln

Bibliographie:

Ritual des Gesellen- und Meistergrades
Friedrich Ludwig Schröders Ritual I, II, II , Verlag Die Bauhütte,Bonn

Gesetzmäßiges, verbessertes und vollkommenes Logenbuch, der Großen Landesloge der Freimaurer von Deutschland, (Freimasurer-Orden)

Ritual I, II, III der Großloge der Alten Freien und Angenommenen Maurer von Deutschland, Verlag Die Bauhütte, Bonn

Logen, Ritual, Hochgrade, Alec Mellor, Maison Marne, Tours, Übers. Ins Deutsche Oskar Jursa, Sonderdruck 1981

Handbuch des Freimaurers von der Forschungsgruppe ALPINA, Lausanne, 2. Aufl. 2002,

Instruktion zum Ritual des Lehrlingsgrades, des Gesellengrades, des Meistergrades – Großloge A.F.u.A.M. von Deutschland, Die Bauhütte, Bonn

Freimaurerlexikon Eugen Lenhoff – Oskar Posner, ,Amalthea-Verlag, Faksimile 1932

Die Freimaurerei, Ihren Anhängern verständlich gemacht, Band I, Band II, Band III, Oswald Wirth, Edition Königliche Kunst

Ken Wilber, Halbzeit der Evolution, Fisdcherverlag2. Aufl. März 2014

ForsterBailey, Der Sinn der Freimaurerei, Verlag Lucis, Genf, 1979

Giovanni Grippo, Der Salomonische Tempel,2. Aufl., 2011

Rituale I, II, III, NTS , Köln, 2006

Rituale I, II, III AASR, Acacia Feminine

Rituale I, II, III AASR, Acacia Masculine

Große Werklehre nach Scherpe

Instruktion zum Lehrlingsgrad Loge Comenius zur Toleranz und Treue

Werner J. Kraftsik, **Freimaurerei im 3. Jahrtausend,** Eine
Herausforderung für Freimaurer und Profane